イッキに内定！
SPI
スピード解法

一問一答

尾藤 健 著

高橋書店

CONTENTS

- 本書の特長と使い方 ……………… 6
- SPI の攻略法 ……………………… 8

第1章　非言語問題

01 割　合 …………………………… 14

02 損益算 …………………………… 20

03 料金の割引 ……………………… 28

04 代金の精算 ……………………… 34

05 分割払い ………………………… 40

06 速　さ …………………………… 46

07 出会い算 ………………………… 50

08 追いかけ算 ……………………… 54

09 通過算 …………………………… 58

10 流水算 …………………………… 64

11 周回算 …………………………… 68

12	時刻表	72
13	集　合	76
14	場合の数	84
15	確　率	92
16	仕事算	102
17	濃　度	110
18	推　論（論理）	118
19	推　論（人口密度）	122
20	推　論（濃度）	126
21	推　論（増加率）	130
22	推　論（順序関係）	134
23	推　論（位置関係）	140
24	推　論（数量）	144
25	資料の読み取り	148
26	推　理	154

CONTENTS

27 物の流れと比率 ⋯⋯⋯⋯⋯⋯⋯⋯ 160

28 ブラックボックス ⋯⋯⋯⋯⋯⋯ 166

29 グラフの領域 ⋯⋯⋯⋯⋯⋯⋯⋯ 170

30 条件と領域 ⋯⋯⋯⋯⋯⋯⋯⋯⋯ 176

31 料金表 ⋯⋯⋯⋯⋯⋯⋯⋯⋯⋯⋯ 184

32 長文読み取り ⋯⋯⋯⋯⋯⋯⋯⋯ 192

COLUMN テストセンターの「手応え」⋯⋯⋯ 196

第**2**章　言語問題

01 二語の関係 ⋯⋯⋯⋯⋯⋯⋯⋯⋯ 198

02 熟　語 ⋯⋯⋯⋯⋯⋯⋯⋯⋯⋯⋯ 210

03 語句の用法 ⋯⋯⋯⋯⋯⋯⋯⋯⋯ 222

04 長文読解 ⋯⋯⋯⋯⋯⋯⋯⋯⋯⋯ 236

05 文の並べ替え ⋯⋯⋯⋯⋯⋯⋯⋯ 250

本文デザイン・DTP　株式会社大知
執筆協力　宮脇真理子

本書の特長と使い方

　本書は、 **こんな問題が出る！** で解法パターンをチェックしたあと、**練習問題** で理解を深める2段構成になっています。

　解き方を確実にマスターできるので、すでに理解したジャンルは練習問題だけ解くなど、習得度に応じて使うことができます。

頻出度マーク

最新の出題傾向を徹底分析し、頻出度を☆で5段階表示。☆の多少で出やすいジャンルが確かめられるので、短期間で効率よく学習できます。

例題

例題を解いて、答えを導くまでのプロセスを確認しましょう。テストセンターによく出る問題は、実際の画像を模しているので、バーチャル感覚で問題を解くことができます。

頻出度
☆☆☆☆☆

22 推　論 （順序関係）

こんな問題が出る！

次の説明を読んで、問いに答えなさい。

駅からK、L、M、Nの4人の家までの距離について、次のことがわかっている。

(Ⅰ) Kの家から駅へ向かうと、途中でNの家の前を通る

(Ⅱ) 駅からLの家までの距離は、駅からKの家までの距離と駅からMの家までの距離の合計に等しい

ただし、駅から4人の家までの距離はすべて異なっているものとする。

次のア～ウの推論について、正しいものはどれか。A～Hから1つ選べ。

ア　4人の家のうち、駅から最も近いのはNの家である

イ　4人の家のうち、駅から最も遠いのはLの家である

ウ　駅からKの家までの距離は、駅からMの家までの距離より近い

○ A　アだけ
○ B　イだけ
○ C　ウだけ
○ D　アとイ
○ E　アとウ
○ F　イとウ
○ G　アとイとウ
○ H　正しい推論はない

134

6

鉄則
公式や解法など、正解に導くポイントを解説。ここで「解法パターン」をチェックしておきましょう。

---

22 ● 推 論（順序関係）

条件を記号化して解く

ポイント ❶ 文章を不等号で表す

- 例1 「A は B より大きい」 → A＞B
- 例2 「C は D より先」　　 → C＞D

ポイント ❷ 明らかな情報を記号で整理する

- 例3 E＝F＋G　→　E＞F, E＞G
- 例4 「H は I と J の平均」
  → I＞H＞J または J＞H＞I
  （H は、I と J の中間値である）

SPI / テストセンター

インデックス

受験する企業が実施する形式に合わせて学習できるようジャンルごとに「SPI（マークシート）」と「テストセンター」の別を表示。該当ジャンルがすぐ引けます。

解答と解説

正解 B

ヒント 誤りの可能性があれば、「正しい」といえない

(I)より、K の家は N の家より駅から遠い。→ K＞N…①
(II)より、L＝K＋M。→ L＞K…②、L＞M…③
①と④より、L＞K＞N…④
③と④より、次の⑤〜⑦のいずれかが考えられる。
L＞M＞K＞N…⑤、L＞K＞M＞N…⑥、L＞K＞N＞M…⑦

ア ⑤、⑥の場合は正しいが、⑦の場合は M の家が最も近い。
イ ⑤〜⑦のいずれの場合も L の家が最も遠い。
ウ ⑤の場合は正しいが、⑥、⑦の場合は K＞M。

よって、正しいのは**イだけ**。

解答と解説

解法のポイントを丁寧に解説。間違えた問題は、ここをしっかり読み込んで理解しましょう。

SPI の攻略法

1．SPI は難しくない・・・・・・・・・・・・・・・・・・・・・・

SPI は、その人が他者と比較し基準以上か否かを確認するテストです。つまり、受験者全体のうち、一定レベル以上と判断されれば合格できるのです。

したがって、受験者の多くが正解できる基本的な問題を、「**確実に数多く正解する**」ことをめざして学習すべきです。

2．出題範囲を効率的に学習する・・・・・・・・・・・・

実際に学習してみると、SPI にはたくさんの分野があることがわかってきます。対策本の中には「10 分野程度できればよい」と唱えるものもあるようですが、それは、ある程度できる人だけに通じる一説です。たいていの人は 20 ～ 30 分野を学習しないと、合格はおぼつかないでしょう。

とはいえ就職活動には、やるべきことがいろいろとあり、より効率的な対策を立てる必要があります。その対策とは、

代表的な問題を繰り返し学習することです。

本書では、実際に SPI を受験した多くの学生の情報から厳選した、本番さながらの問題をわかりやすく解説しました。本書を繰り返し読むだけでも、高い学習効果が得られます。

3．分野別に学習方針を決める・・・・・・・・・・・・・

学習の進め方の具体的な流れは以下のとおりです。

①まず、すべての分野を学習します。ここで手を抜いてはいけません。**本書に掲載の全分野を、一度じっくり解いてみます。**

②次に、それぞれの分野を自分の学力に合わせて分類します。学習をひととおり終えたら、分野の得意・不得意がわかってくるので、すべての分野を次の**3種類に分類**してみます。

「確実に得点できる得意分野」

「基本的な問題だけ解ける分野」

「得点をあまり期待できない苦手分野」

③最後に、分類内容に合わせて次ページのように学習方針を決めます。方針に基づいて進めていく学習はとても重要です。しっかりと理解したうえで設定しましょう。

⑴「確実に得点できる得意分野」は、あなたの武器となります。どんな出題でも正解できるよう、**反復学習してください**。

⑵「基本的な問題だけ解ける分野」は、難しい問題を深追いせず、基本的、つまり自分が解ける問題だけに絞って、繰り返し学習してください。じつはこれこそが、**確実に合格点を取るための必要不可欠な対策**なのです。数学の苦手な人は「得意分野」を増やし、「苦手分野」を克服しようとしがちです。ところが、やるべきことの多い就職活動中は、筆記試験対策に充てる時間は限られています。まして苦手分野は、簡単には克服できません。多くの時間を費したところで、克服できないのがほとんどなのです。だからこそ、むだな時間を減らし、より多く得点するよう、解ける問題を多く作ることが重要になります。

⑶「得点をあまり期待できない苦手分野」は、まったく解けない分野です。もちろん、ないほうが望ましいのですが、誰にでも１つや２つ「苦手分野」はあるものです。本番では**解こうと躍起にならず**、なるべく**次の問題に進んでください**。

4．解答時間も意識する・・・・・・・・・・・・・・・・・・・・・

「テスト」には、たいてい制限時間があります。SPI
も例外ではなく、テストセンターでは、1問ごとに解答
時間が設定されています。

　もちろん本番では「苦手分野」を捨てることになるの
で、時間は多少増やせますが、それでも1問にかけられ
る解答時間はかなり短時間です。

　これはつまり、1問解くのに5分以上かかる人がSPI
を受けても、時間切れになってしまい「実力を発揮でき
ない」結果になるということです。

　そこで、**ふだんから時間を意識した学習が必要**になっ
てきます。初めて解く分野の場合、最初の問題は5分程
度に、2問目以降は1問あたり3分を、それぞれ目安に
して解いてみましょう。

　本番までに時間の余裕があれば、やり終えた問題集を
もう一度やるといいでしょう。2度目は、1問2分をめ
ざしてください。こうすれば、本番での時間配分の狂い
や乱れを防げます。

　時間に余裕がないなら、本書を何度か読んでください。
読むだけでも必ず効果があります。

5. 性格検査では考えすぎない・・・・・・・・・・・・・

　性格検査の回答時間は、テストセンターの場合は約30分、ペーパーテスティングの場合は約40分です。後半には疲れてきますし、また、同類の質問も繰り返されます。

　これらはすべて、「自分を装う」学生の対策として設定されているものです。ばれないだろうと、どんなに上手に自分を取り繕っても、回答を続けているうちに、後半でうっかり**「本当の自分」が出てしまう**ものです。すると、前半と後半で出題された「同じような質問」の回答に矛盾が生じます。この検査では、こうした**矛盾の積み重ねが減点につながる**のです。

　テストの作成者はなるべく**本音を引き出そうと工夫を凝らしており**、検査には**無回答率**も設定されています。回答が少なすぎると減点扱いになり最悪、**すべての検査が０点になる**場合もあるので、時間内にできるだけ多くの質問に回答するよう心がけましょう。

　この検査結果をもとに面接を行なう企業も少なくありません。自分を必要以上に装うと、面接のときに矛盾が生じやすくなります。

　それゆえ、性格検査では対策を練りすぎず、**すばやく素直に答える**ようにしたほうが賢明でしょう。

第1章
非言語問題

01 割 合

こんな問題が出る！

ある市では、30年前から人口が20%減った。今の人口は60000人である。30年前は何人だったか。

A 68500人
B 70000人
C 71250人
D 72000人
E 73800人
F 75000人
G 76300人
H 77500人
I A～Hのいずれでもない

01 ● 割 合

割合(%や割など)の前後を読み取る

ポイント① 「%」や「割・分」は**分数・小数**に変換する

$$1\% = 1分 = 0.01 = \frac{1}{100}$$
$$10\% = 1割 = 0.1 = \frac{1}{10}$$
$$100\% = 10割 = 1$$

ポイント② 割合の直前の**「の」**はかけ算に変換する

例 男性の20% → (男性) × 20%

ポイント③ **「増」**と**「減」**に注目する

例 去年の10%増 → (去年)の**110%**
(増は100%を足す)

例 去年の30%減 → (去年)の**70%**
(減は100%から引く)

解答と解説

正解 F

ヒント 「30年前から20%減」=「30年前の20%減」

30年前の20%減が今の人口の60000人。

▶ 30年前の80%が60000人。

ある市の30年前の人口を x 人とおく。

▶ $x \times 0.8 = 60000$

▶ $x = \mathbf{75000人}$

15

[1] A社では、4月の商品の販売個数が250個であった。5月の販売個数は4月の2割増だったという。

❶ 5月の商品の販売個数は何個か。

A 275個　　B 285個　　C 290個
D 300個　　E 305個　　F 315個
G 320個　　H 330個
I A〜Hのいずれでもない

❷ 7月の商品の販売個数は360個で、6月の20%増だったという。6月の商品の販売個数を5月の販売個数と比べたときについて、正しい記述はどれか。

A 6月の販売個数は、5月より24個少なかった
B 6月の販売個数は、5月より12個少なかった
C 6月の販売個数は、5月より8個少なかった
D 6月の販売個数は、5月より2個少なかった
E 6月の販売個数は、5月と同数だった
F 6月の販売個数は、5月より6個多かった
G 6月の販売個数は、5月より12個多かった
H A〜Gのいずれも正しくない

16

01●割　合

 解答と解説

1　正解　❶D　❷E

❶ 5月の販売個数は、4月の2割増
- ▶ 5月の個数は、4月の個数の12割。
- ▶ 5月 = 4月 × 1.2

4月の個数 = 250個なので、上の式に代入する。
- ▶ 5月 = 250 × 1.2
- ▶ 5月 = **300個**

❷ 7月の販売個数は、6月の20％増
- ▶ 7月の個数は、6月の個数の120％
- ▶ 6月 × 1.2 = 7月

7月の個数 = 360個なので、上の式に代入する。
- ▶ 6月 × 1.2 = 360
- ▶ 6月 = 360 ÷ 1.2
- ▶ 6月 = 300個

❶より、5月 = 300個なので、**5月と6月の個数は同数**。

練習問題

2 A社の現在の売上は10億円である。1年につき2%ずつ前年よりも売上を伸ばしていくとすると、3年後の売上はいくらか。

A　10億5400万6000円

B　10億6000万円

C　10億6120万8000円

D　10億6400万2000円

E　10億6804万8000円

F　10億7080万5000円

G　10億7600万円

H　A～Gのいずれでもない

3 あるスポーツクラブの会員は、男性が全体の40%で、そのうちの38%が会社員であった。このスポーツクラブの会員全体に占める男性会社員の割合は何%か。なお、必要なら、小数点以下第1位を四捨五入すること。

A　13%　　B　15%

C　17%　　D　19%

E　20%　　F　22%

G　25%　　H　A～Gのいずれでもない

01 ● 割　合

解答と解説

2 　**正解**　C

1 年後の売上は、現在（10 億円）の 2%増

▶ 1 年後 = 10 億円 × 1.02　…①

2 年後の売上は、前年（1 年後）の 2%増

▶①より、2 年後 = 1 年後 × 1.02

= 10 億円 × 1.02 × 1.02　…②

3 年後の売上も、前年（2 年後）の 2%増

▶②より、3 年後 = 2 年後 × 1.02

= 10 億円 × 1.02 × 1.02 × 1.02

▶ 3 年後 = 10 億円 × 1.061208 = **10 億 6120 万 8000 円**

3 　**正解**　B

会員全体を x 人とおく。

「男性が会員全体の 40%」

▶男性 = x × 0.4

「そのうちの 38%が会社員」＝男性の 38%が男性会社員

▶ x × 0.4 × 0.38 = 0.152x ＝男性会社員

小数点以下第 1 位を四捨五入して「会員全体の **15%** が男性会社員」となる。

SPI

テストセンター

19

損益算

こんな問題が出る！

原価600円の商品に、3割の利益を見込んで定価をつけた。定価はいくらか。

A 680円
B 700円
C 720円
D 740円
E 760円
F 780円
G 800円
H A～Gのいずれでもない

02 ● 損益算

単価と利益の関係を押さえる

ポイント❶ 3種類の単価の意味を覚える

① **原価**（仕入れ値）
② **定価**（最初に決めた値段）＝原価＋利益
③ **売価**（売ったときの値段）＝定価－割引額

ポイント❷ 利益額と割引額は、求める式が違う

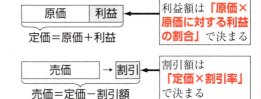

ポイント❸ 公式 売上－コスト＝利益

解答と解説

正解　F

ヒント 「利益を見込む（利益が出る）」＝「増」と同じ

「原価の3割の利益を見込む」＝「原価の3割増」

原価600円の3割は、600 × 0.3 ＝ 180円

つまり、「原価600円の3割増」＝「原価600円の180円増」

よって、600 ＋ 180 ＝ **780円**

21

練習問題

[1] ある商品を定価の2割引で売ったときに240円の利益を出した。

❶ 定価が600円の場合、原価はいくらか。

A　240円　　　B　280円　　　C　300円
D　340円　　　E　420円　　　F　470円
G　500円　　　H　A～Gのいずれでもない

❷ 原価が1200円の場合、定価はいくらか。

A　720円　　　B　960円　　　C　1200円
D　1560円　　E　1800円　　F　2000円
G　2240円　　H　A～Gのいずれでもない

[2] ある商品を定価15000円で売ると、原価の20%の利益が出るという。この商品の原価はいくらか。

A　10000円　　B　10500円　　C　11000円
D　11500円　　E　12000円　　F　12500円
G　13000円　　H　A～Gのいずれでもない

02 ● 損益算

 解答と解説

1 正解 ❶ A ❷ E

「定価の2割引」は、「定価の8割」と同じ。

「240円の利益を出した」は、「原価 + 240円で売った」と同じ。

▶ 定価 × 0.8 = 原価 + 240円 …①

この式を❶、❷で使う。

❶ 定価 = 600円を①の式に代入する。

- ▶ 600 × 0.8 = 原価 + 240
- ▶ 480 = 原価 + 240

よって、原価 = **240円**

❷ 原価 = 1200円を①の式に代入する。

- ▶ 定価 × 0.8 = 1200 + 240
- ▶ 定価 × 0.8 = 1440
- ▶ 定価 = 1440 ÷ 0.8 = 1800

よって、定価 = **1800円**

2 正解 F

「原価の20%の利益が出る」は、「原価の20%増で売った」と同じ。

- ▶ 原価 × 1.2 = 15000
- ▶ 原価 = 15000 ÷ 1.2 = 12500

よって、原価 = **12500円**

[3] 原価2500円の商品を仕入れ、40%の利益を見込んで定価をつけたが、売れなかったので定価の2割引で売った。割り引いて売ったときの売値はいくらか。

A 2500円　　B 2800円
C 3000円　　D 3200円
E 3300円　　F 3400円
G 3500円　　H A～Gのいずれでもない

[4] 定価3000円の商品を2割引で売ってもなお、原価の2割の利益が出る。原価はいくらか。

A 1800円　　B 1900円
C 2000円　　D 2100円
E 2150円　　F 2200円
G 2250円　　H A～Gのいずれでもない

02 ● 損益算

 解答と解説

3 正解 B

「原価2500円の商品を仕入れ、40％の利益を見込んで定価をつけた」は、「原価2500円の40％増で定価をつけた」と同じ。

▶原価2500円の40％は、2500 × 0.4 ＝ 1000円
▶原価2500円の40％増は、2500 ＋ 1000 ＝ 3500円

つまり、定価は3500円。

▶定価の2割は、3500 × 0.2 ＝ 700円
▶定価の2割引は、3500 － 700 ＝ 2800円

よって、売値は **2800** 円。

4 正解 C

3000円の2割引は、3000 × 0.8 ＝ 2400円。
2400円で売っても、原価の2割の利益が出る。
つまり、原価の2割増は2400円ということ。
原価＝ x 円とおく。

▶ x × 1.2 ＝ 2400
▶ x ＝ 2400 ÷ 1.2 ＝ 2000円

よって、原価は **2000** 円。

5 原価 600 円の商品を 80 個仕入れて売ることにした。はじめに原価の 25%の利益を見込んで定価をつけて売ったが、60 個しか売れなかった。そこで、定価の 16％引で売り出したところ、残りはすべて売り切れた。このとき、利益の合計はいくらになるか。

A　9000 円　　B　9100 円
C　9200 円　　D　9300 円
E　9400 円　　F　9500 円
G　9600 円　　H　A〜G のいずれでもない

6 ある商品を 200 個仕入れ、原価の 2 割増で定価をつけて売ったところ、全体の 60％が売れた。残りを定価の 2 割引で売ったところ、すべて売り切れ、10400 円の利益が出た。原価はいくらか。

A　500 円　　B　520 円
C　540 円　　D　550 円
E　560 円　　F　580 円
G　600 円　　H　A〜G のいずれでもない

02 ● 損益算

 解答と解説

5　正解　G

ヒント　単価ごとに、「単価×個数」の式を立てる

①単価をすべて求める。
定価は、原価600円の25%増なので、600 × 1.25 = 750円
売価は、定価750円の16%引なので、750 × 0.84 = 630円
②単価ごとに「単価×個数」の式を立てる。
原価で80個仕入れたので、600 × 80 = 48000円
定価で60個売ったので、750 × 60 = 45000円
売価で残り20個を売ったので、630 × 20 = 12600円
③公式「売上－コスト＝利益」を使って利益を求める。
売上は、定価と売価で売った合計金額なので、
45000 + 12600 = 57600円
コストは、原価で仕入れた合計金額だから、48000円。
よって、利益は、57600 － 48000 = **9600**円

6　正解　A

ヒント　原価を x 円として式を立てる

①原価 = x 円とおく。
問題文より、定価 = $x × 1.2$ = $1.2x$ 円
売価 = $1.2x × 0.8$ = $0.96x$ 円
②原価で200個仕入れたので、コストは $200x$ 円。
③定価で全体200個の60%売ったので、売ったのは120個。
　売価で売り切れたので、売価で売ったのは、残りの80個。
つまり、売上は、$1.2x × 120 + 0.96x × 80 = 220.8x$ 円
④よって、利益は、$220.8x － 200x = 20.8x$ 円
　$20.8x = 10400$ を解くと、$x = 500$ 円
つまり、原価は **500** 円。

頻出度 ★★★

03 料金の割引

こんな問題が出る！

ある旅行会社では、団体になると旅行費が安くなる。割引率は、50人までは通常料金のままだが、51人以上は通常料金の1割引になる。

ある旅行の通常料金が1人あたり5万円であり、その旅行に75人で行くときの料金の合計はいくらか。

A　338万円

B　344万5千円

C　348万円

D　350万5千円

E　356万円

F　360万5千円

G　362万5千円

H　370万円

I　374万5千円

J　A～Iのいずれでもない

03 ● 料金の割引

料金段階ごとにていねいに計算する

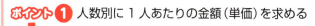
ポイント ❶ 人数別に1人あたりの金額（単価）を求める

ポイント ❷ 単価ごとに、「**単価×人数**」の式を立てる

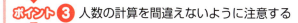
ポイント ❸ 人数の計算を間違えないように注意する

例 51人目〜100人目の人数を求める場合、100 − 51 = 49人としないように。引くのは、カウントしない数字。この例では50人目までは数えないので、100 − 50 = 50人が正解。

SPI

テストセンター

解答と解説

正解 G

 1〜50人目と51〜75人目に分ける

① 1〜50人目

料金は5万円。50人で、5万×50 = 250万円

② 51〜75人目

料金は5万円の1割引だから、5万 − 5千 = 4万5千円

人数は25人だから、4万5千×25 = 112万5千円

①＋②より、250万 + 112万5千 = **362万5千円**

29

[1] ある旅行会社は団体になると旅行費が安くなる。割引率は、50人までは通常料金のままだが、51人目から100人目までは通常料金の1割引、101人目から200人目までは通常料金の2割引、201人目以降は通常料金の3割引となっている。

通常料金が1人あたり5万円であるとしたとき、以下の問いに答えよ。

❶ 150人で旅行に行くときの料金の合計はいくらか。

A 640万円　　B 648万円
C 653万円　　D 660万円
E 665万円　　F 665万円
G 670万円　　H 675万円
I 700万円　　J A～Iのいずれでもない

❷ 230人で旅行に行くときの料金の合計はいくらか。

A 900万円　　B 925万円
C 940万円　　D 960万円
E 975万円　　F 980万円
G 1010万円　　H 1055万円
I 1105万円　　J A～Iのいずれでもない

03 ● 料金の割引

解答と解説

1 **正 解** ❶ H ❷ F

❶ 料金段階ごとに式を立てる

① 1 〜 50 人目

5 万円 × 50 人 = 250 万円

② 51 〜 100 人目

料金は 5 万円の 1 割引だから、5 万 × 0.9 = 4 万 5 千円

50 人だから、4 万 5 千 × 50 = 225 万円

③ 101 〜 150 人目

料金は 5 万円の 2 割引だから、5 万 × 0.8 = 4 万円

150 − 100 = 50 人だから、4 万 × 50 = 200 万円

以上をまとめて、150 人の合計金額を求める。

①+②+③ = 250 万 + 225 万 + 200 万 = **675 万円**

❷ 「1 〜 100 人目」の料金は❶を使うと早い

「1 〜 50 人目」は 250 万円。「51 〜 100 人目」は 225 万円。

④ 101 〜 200 人目

料金は 5 万円の 2 割引だから、5 万 × 0.8 = 4 万円

200 − 100 = 100 人だから、4 万 × 100 = 400 万円

⑤ 201 〜 230 人目

料金は 5 万円の 3 割引だから、5 万 × 0.7 = 3 万 5 千円

230 − 200 = 30 人だから、3 万 5 千 × 30 = 105 万円

以上をまとめて、230 人の合計金額を求める。

「1 〜 50 人目」+「51 〜 100 人目」+④+⑤より、

250 万 + 225 万 + 400 万 + 105 万 = **980 万円**

SPI

テストセンター

練習問題

[2] 修学旅行の手配をある旅行会社に依頼することにした。旅行会社へ支払う代金は、51人目から100人目までは1割引、101人を超える分については2割引になるという。1人あたりの料金を4000円として、以下の問いに答えよ。

❶ 修学旅行の参加者が合計90人のときの料金はいくらか。

A　34万4千円　　B　34万8千円
C　35万3千円　　D　35万5千円
E　35万9千円　　F　36万円
G　36万4千円　　H　36万6千円
I　36万9千円　　J　A～Iのいずれでもない

❷ 修学旅行の参加者が合計120人のときの料金はいくらか。

A　41万2千円　　B　41万8千円
C　42万円　　　　D　42万4千円
E　42万5千円　　F　43万1千円
G　43万6千円　　H　44万円
I　44万4千円　　J　A～Iのいずれでもない

03 ● 料金の割引

 解答と解説

2 正解 ❶ A   ❷ I

❶ ① 1～50人目
　4000円 × 50人 = 20万円
　② 51～90人目
　料金は4000円の1割引だから、4000 × 0.9 = 3600円
　90 − 50 = 40人だから、3600 × 40 = 14万4000円
よって、20万 + 14万4000 = **34万4千円**

❷ ① 1～50人目 = 20万円
　③ 51～100人目
　❶より、料金は3600円
　100 − 50 = 50人だから、3600 × 50 = 18万円
　④ 101～120人目
　料金は4000円の2割引だから、4000 × 0.8 = 3200円
　120 − 100 = 20人だから、3200 × 20 = 6万4000円
以上をまとめて、120人の合計金額を求める。
①+③+④より、
20万 + 18万 + 6万4000 = **44万4千円**

04 代金の精算

頻出度 ★★★

こんな問題が出る！

次の説明を読んで、各問いに答えなさい。

この問題は2問組みです

P、Q、Rの3人で車に乗って1泊旅行に行った。往復の高速料金およびガソリン代合わせて11700円はQがすべて支払い、ホテルの宿泊代は3人分を合わせた22500円をRが支払った。

この時点で3人が同額ずつ負担するとすれば、Pは誰にいくら支払えばよいか。

- ○ A　Qに300円、Rに9600円支払う
- ○ B　Qに300円、Rに10100円支払う
- ○ C　Qに300円、Rに11100円支払う
- ○ D　Qに800円、Rに9100円支払う
- ○ E　Qに800円、Rに10100円支払う
- ○ F　Qに800円、Rに11100円支払う
- ○ G　Qに1300円、Rに9600円支払う
- ○ H　Qに1300円、Rに10100円支払う
- ○ I　A〜Hのいずれでもない

1 | 2

04 ●代金の精算

1人1人の料金を割りカンと同じ計算で求める

ポイント❶ 割りカンを求める公式を覚える

公式　**支払った合計金額÷人数＝1人あたりの金額**

ポイント❷ お互いの貸し借りは、表にまとめる

ポイント❸ 貸した額はプラス、借りた額はマイナスで表す

解答と解説

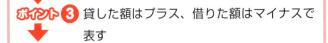

正解 C

ヒント 誰がいくら余分に支払っているかを考える

Qは11700円、Rは22500円支払った。

▶ 支払い額の合計は34200円。

▶ 3人で割りカンすると、1人あたり 34200 ÷ 3 = 11400 円

QとRが多く支払った金額をそれぞれ求める。

▶ Qが多く支払った金額は、11700 − 11400 = 300 円

▶ Rが多く支払った金額は、22500 − 11400 = 11100 円

Pは、**Qに300円、Rに11100円**支払えばよい。

練習問題

1 ※ こんな問題が出る！ の続き（組問題）

次の説明を読んで、各問いに答えなさい。

この問題は2問組みです

P、Q、Rの3人で車に乗って1泊旅行に行った。往復の高速料金およびガソリン代合わせて11700円はQがすべて支払い、ホテルの宿泊代は3人分を合わせた22500円をRが支払った。

3人が旅行のお土産を買ったときの代金をPがすべて支払い、そのお土産代も加えて、3人が同額ずつ負担することにした。精算のとき、PがRに5600円支払い、QがRに2600円支払った。
このとき、1人あたりのお土産代はいくらか。

○ A 2150円
○ B 2200円
○ C 2360円
○ D 2400円
○ E 2540円
○ F 2600円
○ G 2750円
○ H 2820円
○ I 2900円
○ J A〜Iのいずれでもない

1 2

04●代金の精算

解答と解説

1 **正解** I

ヒント 精算後の金額から、お土産代の合計を求める

QがRに2600円支払って精算した。

▶ Qが支払った総額は、11700 + 2600 = 14300 円

▶ お土産代を含む1人あたりの支払い額は14300円。

PはRに5600円支払って精算している。

▶ 3人分のお土産代 + 5600円 = 14300円になるはず。

▶ 3人分のお土産代 = 14300 − 5600 = 8700円

よって、1人あたりのお土産代は、8700 ÷ 3 = **2900円**

テストセンター

練 習 問 題

2

次の説明を読んで、
問いに答えなさい。

X は Z から 7000 円を借りて
おり、Y は X から 4000 円、
Z から 3000 円それぞれ借り
ている。ある日、X、Y、Z の
3 人が食事に行き、3 人分の食
事代 7500 円を Y が支払った。
この段階で、3 人がお互いに貸
し借りのないように、以下のと
おりに精算した。

● Y は X に ア 円支払い、
  X は Z に イ 円支払っ
  た。

アとイに入る数値として正し
い組み合わせはどれか。なお、
食事代は 3 人とも均等に支払
うものとする。

○ **A** ア = 3500　イ = 2500
○ **B** ア = 3500　イ = 3000
○ **C** ア = 2000　イ = 3500
○ **D** ア = 2000　イ = 5500
○ **E** ア = 2000　イ = 7500
○ **F** ア = 5500　イ = 2000
○ **G** ア = 7500　イ = 2000
○ **H** A～G のいずれでもない

04 ● 代金の精算

解答と解説

2 **正解** E

1人あたりの食事代は、7500 ÷ 3 = 2500 円

YはXとZの食事代を負担しているので、YがXとZに2500円ずつ貸したと考える（自分の食事代は貸し借りに関係ない）。

	Z→X	X→Y	Z→Y	食事代	合計
X	− 7000	+ 4000		− 2500	− 5500
Y		− 4000	− 3000	+ 5000	− 2000
Z	+ 7000		+ 3000	− 2500	+ 7500

表より、Xが5500円支払い、Yが2000円支払い、Zが7500円受け取れば、3人の貸し借りは精算できる。

しかし、

● YはXに ア 円支払い、XはZに イ 円支払った。

これは、XがYの借りている金額と自分の借りている金額をまとめてZに支払ったことを表す。

よって、Yは2000円支払えば精算できるので、**ア = 2000**、Xは自分とYの分を合わせて7500円支払えば精算できるので、**イ = 7500** とすればよい。

39

05 分割払い

こんな問題が出る！

ある商品を買い、分割払いにした。現在、2回分払っており、1回目は合計金額の $\frac{2}{7}$ を支払い、2回目に残りの $\frac{1}{10}$ を支払った。
このとき、以下の問いに答えよ。なお、分割手数料や金利は考えないものとする。

❶ 残りの金額は全体のどれだけあるか。

A $\frac{4}{7}$　　B $\frac{3}{5}$　　C $\frac{22}{35}$
D $\frac{9}{14}$　　E $\frac{23}{35}$　　F $\frac{24}{35}$
G $\frac{5}{7}$　　H A～Gのいずれでもない

❷ 3回目の支払いを済ませたところ、残りは全体の $\frac{2}{5}$ となった。3回目に支払った金額は、全体のどれだけになるか。

A $\frac{1}{5}$　　B $\frac{3}{14}$　　C $\frac{8}{35}$
D $\frac{17}{70}$　　E $\frac{2}{7}$　　F $\frac{12}{35}$
G $\frac{5}{14}$　　H A～Gのいずれでもない

05 ● 分割払い

数直線を使ってイメージをつかむ

ポイント❶ 全体を100%＝1とした数直線を使う

解答と解説

正解 ❶D ❷D

ヒント 「の」の前が「全体」と「残り」で式が変わる

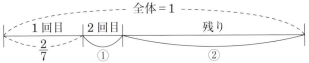

1回目に全体の $\frac{2}{7}$ を支払ったあとの残りは「全体の $\frac{5}{7}$」

① 2回目の支払い額は、1回目支払った「残りの $\frac{1}{10}$」

▶ 2回目の支払い額は、$\frac{5}{7} \times \frac{1}{10} = \frac{1}{14}$

❶ 2回合計の支払い額は、$\frac{2}{7} + \frac{1}{14} = \frac{5}{14}$ だから、

②残りの金額は、$1 - \frac{5}{14} = \frac{9}{14}$

❷
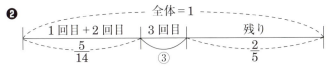

③ 3回目の支払い額は、「全体」－「2回の合計」－「残り」

▶ 3回目の支払い額は、$1 - \frac{5}{14} - \frac{2}{5} = 1 - \frac{25}{70} - \frac{28}{70} = \frac{17}{70}$

41

練 習 問 題

1 ある商品を定価で購入し、支払いを分割にした。1日目
に定価の $\frac{4}{19}$ を、2日目には1日目の半分を支払った。
このとき、以下の問いに答えよ。なお、分割手数料や金
利は考えないものとする。

❶ 3日目に残額すべてを支払うとすると、定価の何分のい
くつを支払うことになるか。

A $\frac{6}{19}$ B $\frac{13}{38}$ C $\frac{15}{38}$
D $\frac{9}{19}$ E $\frac{11}{19}$ F $\frac{25}{38}$
G $\frac{13}{19}$ H $\frac{27}{38}$
 I   A～Hのいずれでもない

❷ 3日目に定価の $\frac{1}{19}$ しか支払えず、支払いの残額を5
回払いで均等に払うことにしたとすると、1回あたりの
支払い額は、1日目に支払った額の何倍になるか。

A $\frac{5}{19}$ 倍   B $\frac{12}{19}$ 倍   C $\frac{3}{5}$ 倍
D $\frac{2}{3}$ 倍   E $\frac{4}{5}$ 倍   F $\frac{21}{19}$ 倍
G 2 倍   H $\frac{12}{5}$ 倍
 I   A～Hのいずれでもない

42

05 ● 分割払い

解答と解説

1 **正解** ❶G ❷C

❶ 1日目に支払ったのは定価の $\dfrac{4}{19}$

2日目に支払ったのは1日目の半分だから、定価の $\dfrac{2}{19}$

全体の1から2日間で支払った分を引く。

$1 - \dfrac{4}{19} - \dfrac{2}{19} = \dfrac{13}{19}$ より、3日目に支払うのは定価の $\dfrac{13}{19}$

❷ 2日間で支払った残額は❶より $\dfrac{13}{19}$

ここから、3日目に支払った定価の $\dfrac{1}{19}$ を引く。

$\dfrac{13}{19} - \dfrac{1}{19} = \dfrac{12}{19}$ より、3日目を支払ったあとの残額は、定価の $\dfrac{12}{19}$

これを5回で均等に支払うと、$\dfrac{12}{19} \div 5 = \dfrac{12}{95}$ ずつ支払うことになる。

求めるのは、

「1回あたりの支払い額は、1日目の支払い額の何倍か」。

▶ 1日目の支払い額は $\dfrac{4}{19}$

▶ $\dfrac{4}{19}$ の x 倍が1回あたりの支払額 $\dfrac{12}{95}$ なので、

$\dfrac{4}{19} \times x = \dfrac{12}{95} \rightarrow x = \dfrac{12}{95} \div \dfrac{4}{19} \rightarrow x = \dfrac{12}{95} \times \dfrac{19}{4} = \dfrac{3}{5}$

よって、1日目の $\dfrac{3}{5}$ 倍。

練 習 問 題

2 ある商品を買い、分割払いにした。1回目にその商品の
購入価格の $\frac{1}{8}$ を支払い、残りを均等に支払いたい。
このとき、以下の問いに答えよ。なお、分割手数料や金
利は考えないものとする。

❶ 残りの額を 10 回払いにした。1回目を含めて合計で5
回支払った時点での残額は、全体のどれくらいの割合に
なるか。

A $\frac{41}{80}$ B $\frac{21}{40}$ C $\frac{43}{80}$
D $\frac{11}{20}$ E $\frac{9}{16}$ F $\frac{23}{40}$
G $\frac{3}{5}$ H $\frac{5}{80}$
I A～Hのいずれでもない

❷ 2回目以降の1回あたりの支払い額を、購入価格の $\frac{1}{12}$
以下におさえたい。このとき、2回目以降の分割の回数
を少なくとも何回以上にしないといけないか。

A 6回   B 7回   C 8回
D 9回   E 10回   F 11回
G 12回   H A～Gのいずれでもない

05 ● 分割払い

解答と解説

2 **正解** ❶ B   ❷ F

 支払う額合計÷1回あたりの支払い額＝支払い回数

1回目を支払ったあとの残りの金額は、$1 - \frac{1}{8} = \frac{7}{8}$

❶

```
←-------------- 全体＝1 --------------→
|1回目| ① | ② | ③ | ④ | ⑤ | ⑥ | ⑦ | ⑧ | ⑨ | ⑩ |
 1/8         残りを10で割る
```

残りの金額 $\frac{7}{8}$ を10回払いすると、1回あたり $\frac{7}{8} \div 10 = \frac{7}{80}$ を支払う。

1回目を支払ったあと、$\frac{7}{80}$ を4回支払ったときの残額を求める。

▶ $\frac{7}{8} - \frac{7}{80} \times 4 = \frac{7}{8} - \frac{28}{80} = \frac{70}{80} - \frac{28}{80} = \frac{42}{80} = \mathbf{\frac{21}{40}}$

❷

```
←-------------- 全体＝1 --------------→
|1回目| ① | ② | ③ | … |
 1/8    残りを 1/12 ずつに分ける
```

残りの金額 $\frac{7}{8}$ を支払い額 $\frac{1}{12}$ で割ると、支払い回数が出る。

▶ $\frac{7}{8} \div \frac{1}{12} = \frac{7}{8} \times 12 = \frac{21}{2} = 10.5$ 回

▶ 2回目以降で **11回** 支払えばよい。

06 速 さ

こんな問題が出る！

X駅からY図書館まで1.2km離れている。ある日、A君が、駅から図書館まで時速4kmで移動したとき、図書館に到着するまでの移動時間はいくらか。

A　10分
B　12分
C　15分
D　16分
E　18分
F　20分
G　24分
H　25分
I　28分
J　A〜Iのいずれでもない

06 ● 速　さ

速さの公式を使いこなす

ポイント❶ 速さの公式を覚える

▶ 時間（ジ）＝ $\dfrac{距離（キ）}{速さ（ハ）}$

▶ 速さ（ハ）＝ $\dfrac{距離（キ）}{時間（ジ）}$

▶ 距離（キ）＝速さ（ハ）×時間（ジ）

［ハジキと覚えよう］

⚠ **注意**
キ（距離）が上

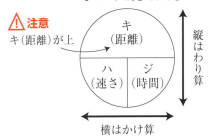

ポイント❷ 公式に入れる単位は、同じものにそろえる

解答と解説

正解 E

ヒント 時間を60倍すれば、分に変換できる

時間＝距離÷速さより、

▶ $1.2 \div 4 = \dfrac{1.2}{4}$ 時間 ＝ $\dfrac{12}{40}$ 時間 ＝ $\dfrac{3}{10}$ 時間

$\dfrac{3}{10}$ 時間を分に直すと、$\dfrac{3}{10} \times 60 =$ **18分**

[1] A 地点を 13 時に出発し、B 地点には 15 時 15 分に到着した。速度が 36 km/ 時だったとすると、AB 間の距離はいくらか。

A　36 km　　　　B　45 km　　　　C　54 km
D　63 km　　　　E　72 km　　　　F　81 km
G　90 km　　　　H　A〜Gのいずれでもない

[2] 家から郵便局まで行くのに、行きは分速 40 m、帰りは分速 50 m で歩いたところ、往復で 1 時間 3 分かかった。家から郵便局までの距離は何 m か。

A　800 m　　　　B　900 m　　　　C　1000 m
D　1100 m　　　E　1200 m　　　F　1300 m
G　1400 m　　　H　A〜Gのいずれでもない

06 ● 速　さ

 解答と解説

1 正解 F

ヒント　速度と時間の単位をそろえる

13時に出発→15時15分より、移動時間は2時間15分。
60分が1時間なので、1分＝$\frac{1}{60}$時間。15分＝$\frac{1}{4}$時間
つまり、2時間15分は、$2 + \frac{1}{4} = \frac{9}{4}$時間
速度は36km/時なので、

距離＝速度×時間より、36 km/時 × $\frac{9}{4}$時間 ＝ **81 km**

2 正解 G

ヒント　帰りの時間＝往復の時間－行きの時間

行きの時間をt分とおくと、帰りの時間は$(63 - t)$分。
距離＝速度×時間より、

▶ 行きの距離＝ $40 \times t$
▶ 帰りの距離＝ $50 \times (63 - t)$

行きの距離＝帰りの距離だから、

▶ $40t = 50(63 - t)$
▶ $40t = 3150 - 50t$
▶ $90t = 3150$
▶ $t = 35$(分)

よって、行きの距離の式に代入すると、
片道の距離＝ $40 \times 35 =$ **1400 m**

頻出度 ★★★★

07 出会い算

こんな問題が出る！

A町とB町を結ぶ道があり、時速35kmで走る自動車X
がA町からB町へ向かって、時速45kmで走る自動車Y
がB町からA町に向かって、この道をそれぞれ同時に走り
始めた。この2台の車が出合うまで15分かかったとき、A
町とB町を結ぶ道は何kmか。

A 10 km

B 15 km

C 20 km

D 25 km

E 30 km

F 35 km

G 40 km

H A～Gのいずれでもない

07 ● 出会い算

出会い算では、2つのものが逆方向へ進む

ポイント ❶ 近づく速さ・離れる速さを足し算で求める

例 時速30 kmのバイクと時速50 kmの車が向かい合って進む。

バイクは1時間に30 km、車は1時間に50 km近づく。

▶ **近づく速さ**は、2つの速さを足して、30 + 50 = 80 km/時となる。

例 時速30 kmのバイクと時速50 kmの車が背中合わせに進む。

バイクは1時間に30 km、車は1時間に50 km離れる。

▶ **離れる速さ**は、2つの速さを足して、30 + 50 = 80 km/時となる。

※**出会い算では、近づく速さと離れる速さは等しい**

解答と解説

正解 C

ヒント 出合うまでに近づいた距離 = AB間の距離

自動車XとYが近づく速さは、35 + 45 = 80 km/時
近づく時間は15分 = $\frac{1}{4}$ 時間

$80 \times \frac{1}{4}$ = **20 km**

1 2080 m 離れた 2 つの地点から、A と A の姉が向かい合って、同時に自転車で出発した。A と姉が、それぞれ分速 120 m、分速 140 m で進むとすると、2 人が出会うのは出発してから何分後か。

A 5 分後　　　　　B 6 分後
C 7 分後　　　　　D 8 分後
E 9 分後　　　　　F 10 分後
G 11 分後　　　　 H A～G のいずれでもない

2 P 町と Q 町を結ぶ 2240 m の道があり、この道を P 町から Q 町まで L が分速 60 m で、Q 町から P 町まで M が移動した。2 人が同時に出発したところ、2 人が出会ったのが出発してから 16 分後だった。このとき、M は分速何 m か。

A 分速 62 m　　　B 分速 65 m
C 分速 69 m　　　D 分速 70 m
E 分速 73 m　　　F 分速 77 m
G 分速 80 m　　　H 分速 84 m
I 分速 90 m　　　J A～I のいずれでもない

52

07●出会い算

解答と解説

1 正解 D

ヒント 近づく距離÷近づく速さ＝出会うまでの時間

Aの速さは毎分120m、姉の速さは毎分140mより、2人の近づく速さを求める。

▶近づく速さ＝120＋140＝260m/分

2人が出会うには、2080m近づけばよい。

近づく距離÷近づく速さ＝時間

▶2080÷260＝**8分**

2 正解 G

ヒント 出会うまでに移動した距離＝近づいた距離

LとMが出会うまでの時間は16分。

LとMの2人が近づいた距離は2240m。

公式で近づく速さを求める。

▶2240÷16＝140m/分

2人の近づく速さは、Lの速さ＋Mの速さ。

▶60＋（Mの速さ）＝140m/分

▶Mの速さ＝140－60＝**80m/分**

SPI

テストセンター

53

追いかけ算

こんな問題が出る！

8km先をPが時速5kmで進んでいる。いま、Qが時速7kmで追いかけ始めたとき、QがPに追いつくのは、出発してからどれくらいの時間が経ってからのことか。

A 2時間30分後
B 2時間45分後
C 3時間後
D 3時間15分後
E 3時間30分後
F 3時間45分後
G 4時間後
H A～Gのいずれでもない

08 ◉ 追いかけ算

鉄則 追いかけ算では、2つのものが同じ方向に進む

ポイント❶ 追いかけ算は速さを引き算する

例　時速30 kmのバイクを時速50 kmの車が追いかける。
バイクは1時間に30 km
逃げ、車は1時間に50 km
追いかける。

▶ **近づく速さ**は、2つの速さを引いて、50 − 30 = 20 km/時となる。

例　時速50 kmの車が時速30 kmのバイクの前を進む。
バイクは1時間に30 km
追いかけ、車は1時間に
50 km逃げる。

▶ **離れる速さ**は、2つの速さを引いて、50 − 30 = 20 km/時となる。

※**追いかけ算でも、近づく速さと離れる速さは等しい**

解答と解説

正解 G

ヒント 追いつくとは、2人の間隔がゼロになること

QがPに近づく速さは、7 − 5 = 2 km/時
QがPに追いつくには、8 km 近づけばよい。

▶ 8 km ÷ 2 km/時 = **4時間**で追いつく。

1 Lは家を出て分速60mで学校へ向かった。Lの忘れ物に気づいたMが、Lの8分後に家を出て、分速90mでLを追いかけた。MがLに追いつくのは、Lが家を出てから何分後か。

A 14分後　　　　B 16分後
C 18分後　　　　D 20分後
E 22分後　　　　F 24分後
G 26分後　　　　H A〜Gのいずれでもない

2 Sが学生寮を出て、1.2km先にある駅へ向かって180m進んだとき、Tが学生寮から駅へと向かって進み始めた。Tが学生寮を出てから9分後にSに追いついた。Sの進む速さが毎分80mだとすると、Tが駅に着くのはSに追いついてからどれくらい経ってからになるか。

A 3分後　　　　　B 4分20秒後
C 5分後　　　　　D 7分後
E 8分30秒後　　　F 9分45秒後
G 10分30秒後　　 H 12分後
I A〜Hのいずれでもない

08 ◉ 追いかけ算

 解答と解説

1 正解 F

ヒント　「Mが出発する前」と「出発した後」で分けて考える

①Lが1人で移動しているとき（8分間）
Lの速さは60 m/分なので、8分間で60 × 8 = 480 m進む。
②LとMの2人が移動しているとき
LとMは、**同じ方向に進んでいる**ので、「**追いかけ算**」。
①より、Mが家を出たとき、2人の距離は480 m。
2人の近づく速さは90 − 60 = 30 m/分
　▶ Mは家を出てから480 ÷ 30 = 16分後にLに追いつく。
求めるのは、「Lが家を出てから何分後か」。
　▶ Lは、Mが出る8分前に家を出ている。
　▶ Lが家を出てからは、16 + 8 = **24分後**に追いつく。

2 正解 A

ヒント　まずTの速さを求める

Tは、180 m先のSに追いつくまでに9分かかっている。
　▶ Tは9分間でSに180 m近づいた。
　▶ 2人の近づく速さは、180 ÷ 9 = 20 m/分
Sの速さは80 m/分なので、Tの速さは80 + 20 = 100 m/分
100 m/分で進むTが1.2 km = 1200 m先の駅に着くまでに、
1200 ÷ 100 = 12分かかる。
　▶駅に着くのは、TがSに追いついた**3分後**。

09 通過算

こんな問題が出る！

長さ 120 m の列車が分速 1200 m で 480 m のトンネルを通過した。このとき、この列車がトンネルを通過するのに要した時間はいくらか。

A　20 秒
B　22 秒
C　24 秒
D　25 秒
E　30 秒
F　33 秒
G　35 秒
H　A〜G のいずれでもない

09 通過算

通過算では列車の長さを忘れないこと

ポイント ❶ 通過する場所の長さと列車の長さを足し算した距離が移動距離

例 列車が橋を通過する（差し掛かってから渡りきる）。

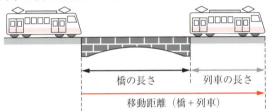

解答と解説

正解 E

ヒント トンネルも橋も考え方は同じ

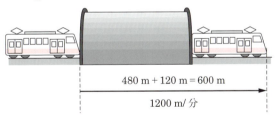

移動距離は、トンネルの長さ＋列車の長さ。

▶ 移動距離は、480 ＋ 120 ＝ 600 m

列車の速度は 1200 m/ 分。

600 ÷ 1200 ＝ 0.5 分 ＝ **30 秒**

[1] 長さ 130 m の列車が 770 m の陸橋を通過するのに 36 秒かかったという。この列車が 1470 m の鉄橋を渡るのにかかる時間はいくらか。

A　1分　　　　　　B　1分4秒
C　1分14秒　　　　D　1分25秒
E　1分40秒　　　　F　2分
G　2分2秒　　　　 H　2分8秒
I　2分15秒　　　　J　A～Iのいずれでもない

[2] 長さ 200 m の列車が時速 90 km で走っている。この列車が A 地点に差し掛かってから完全に通過するまで、何秒かかるか。なお、A 地点の長さは考えないものとする。

A　5秒　　　　　　B　6秒
C　7秒　　　　　　D　8秒
E　9秒　　　　　　F　10秒
G　11秒　　　　　 H　12秒
I　13秒　　　　　 J　A～Iのいずれでもない

09 ● 通過算

解答と解説

1 正解 B

ヒント 列車の速さを求めてから、鉄橋の通過を考える

長さ130 mの列車が、770 mの陸橋を渡る。

▶ 移動距離＝陸橋＋列車＝770＋130＝900 m

陸橋を渡るのにかかった時間は36秒。

▶ 列車の速さ＝900÷36＝25 m/秒

この列車が1470 mの鉄橋を渡る。

▶ 移動距離＝1470＋130＝1600 m

▶ 渡るのにかかる時間＝1600÷25＝64秒＝**1分4秒**

2 正解 D

ヒント A地点を長さ「0」の橋と考える

A地点を橋として考える。

▶ 移動距離＝「A地点の長さ」＋「列車の長さ」

問題文より、A地点の長さは考えない。

▶ 「A地点の長さ」＝0

▶ 移動距離＝0＋「列車の長さ」＝200 m

つまり、200 m＝0.2 kmを90 km/時で移動する。

▶ $0.2 \div 90 = \frac{0.2}{90} = \frac{2}{900}$ 時間

▶ 1時間は3600秒なので、
$\frac{2}{900}$ 時間 $= \frac{2}{900} \times 3600 =$ **8秒**

[3] 長さ440m、秒速90mの列車Aと、長さ360m、秒速70mの列車Bが、出合ってからすれ違い終わるまでに何秒かかるか。

A　3秒　　　　　B　4秒
C　5秒　　　　　D　6秒
E　7秒　　　　　F　8秒
G　9秒　　　　　H　A～Gのいずれでもない

[4] 長さ240m、秒速35mの列車Lと長さ300mの列車Mが平行な線路の上を走っている。列車Lの先頭部分が列車Mの最後尾に追いついてから、列車Lの最後尾が列車Mの先頭を追い抜くまでに36秒かかったという。このとき、列車Mの速さはいくらか。

A　秒速15m　　　B　秒速20m
C　秒速24m　　　D　秒速30m
E　秒速32m　　　F　秒速35m
G　秒速40m　　　H　秒速42m
I　秒速50m　　　J　A～Iのいずれでもない

09 ● 通過算

解答と解説

3 正解 C

ヒント　列車の1点だけをみて距離を求める

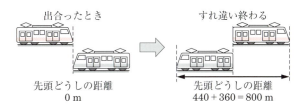

2つの列車の離れた距離は800m。

2つの列車の離れる速さは、90 + 70 = 160 m/秒

▶ 800m離れるのにかかった時間は、

800 m ÷ 160 m/秒 = **5秒**

4 正解 B

ヒント　離れる速さを求めてから、Mの速さを求める

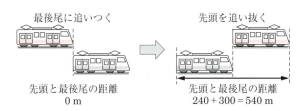

2つの列車の離れた距離は540 m。

2つの列車が離れるのにかかった時間は、36秒。

▶ 離れる速さは、540 m ÷ 36秒 = 15 m/秒

（離れる速さ）=（Lの速さ）−（Mの速さ）だから、

15 = 35 −（Mの速さ）より、（Mの速さ）= **20 m/秒**

流水算

こんな問題が出る！

時速2kmで流れる川がある。この川沿いの上流にあるAと下流にあるBの2地点間を時速8kmの船で往復する。AB間の距離が30kmだとすると、往復でかかる時間はいくらか。

A　6時間
B　6時間30分
C　7時間25分
D　8時間
E　8時間30分
F　9時間15分
G　9時間44分
H　10時間
I　10時間12分
J　A〜Iのいずれでもない

10 ● 流水算

上り、下り、船、流れの速さを求める

ポイント❶ 4種類の速さの関係をつかむ

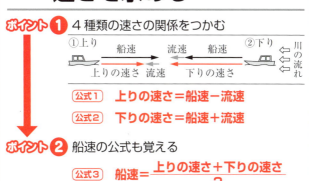

公式1 **上りの速さ＝船速－流速**

公式2 **下りの速さ＝船速＋流速**

ポイント❷ 船速の公式も覚える

公式3 船速＝$\dfrac{\text{上りの速さ}＋\text{下りの速さ}}{2}$

解答と解説

正解 D

ヒント 上りと下りの速さを求めてから公式を使う

AからBへ移動すると、流れに乗るので下り。

▶ **下りの速さ＝船速＋流速**より、8 ＋ 2 ＝ 10 km/時
▶ 下りにかかる時間は、30 ÷ 10 ＝ 3時間

BからAへ移動すると、流れに逆らうので上り。

▶ **上りの速さ＝船速－流速**より、8 － 2 ＝ 6 km/時
▶ 上りにかかる時間は、30 ÷ 6 ＝ 5時間

よって、往復で3 ＋ 5 ＝ **8時間**かかる。

1 ある船が28 km離れた上流まで行くのに3.5時間かかった。この船の静水上での速さが毎時13 kmだとすると、この川の流速はいくらか。

A 時速1 km   B 時速1.5 km
C 時速2 km   D 時速2.5 km
E 時速3 km   F 時速3.5 km
G 時速4 km   H 時速4.5 km
I 時速5 km   J A〜Iのいずれでもない

2 ある川沿いの2地点間を船で往復した。片道にかかった時間は、上りが6時間、下りが4時間であった。この2地点間の距離が30 kmのとき、この川の流速はいくらか。

A 1.2 km/時   B 1.25 km/時
C 1.5 km/時   D 1.75 km/時
E 2 km/時   F 2.25 km/時
G 2.5 km/時   H 2.8 km/時
I 3.25 km/時 J A〜Iのいずれでもない

10●流水算

解答と解説

1 正解 I

ヒント 上りの速さと船速から、流速を求める

上りにかかる時間と距離から、上りの速さを求める。

▶ $28 ÷ 3.5 = 8$ km/時

船速 13 km/時と上りの速さ 8 km/時を 公式1 に代入。

▶ 公式1 **上りの速さ＝船速－流速** より、$8 = 13 －$ 流速

▶ 流速 $= 13 － 8 = $ **5 km/時**

2 正解 B

ヒント 流水算では、とにかく「速さ」を求める

与えられているデータは距離と時間。

▶ 公式を使って上りと下りの速さを求める。

▶ 上りの速さ $= 30 ÷ 6 = 5$ km/時

▶ 下りの速さ $= 30 ÷ 4 = 7.5$ km/時

公式3 **船速 $= \dfrac{上りの速さ＋下りの速さ}{2}$** に代入する。

▶ 船速 $= \dfrac{5 + 7.5}{2} = 6.25$ km/時

上りの速さ 5 km/時と船速 6.25 km/時を公式に代入。

▶ 上りの速さ＝船速－流速より、$5 = 6.25 －$ 流速

▶ 流速 $= 6.25 － 5 = $ **1.25 km/時**

67

頻出度 ★★★

11 周回算

こんな問題が出る！

公園の外周を囲む1周11kmのサイクリング・コースをP
とQの2人が走ることにした。Pが分速200m、Qが分
速240mであり、同じ地点から逆方向へ向かって同時に走
り始めたとすると、2人が最初に出会うのは、走り始めてか
ら何分後か。

A 16分

B 18分

C 20分

D 21分

E 22分

F 24分

G 25分

H 27分

I A～Hのいずれでもない

11●周回算

周回算には、出会い型と追いかけ型がある

ポイント❶ 周回算の出会い型

① AとBが n 回出会うパターン

1回出会うには、

2人の移動距離の和＝1周分の

距離なので、

公式1 **A 距離 ＋ B 距離 ＝ n 周分の距離**

ポイント❷ 周回算の追いかけ型

② AがBに n 回追いつくパターン

1回追いつくには、

2人の移動距離の差＝1周分

の距離なので、

公式2 **A 距離 － B 距離 ＝ n 周分の距離**

解答と解説

正解 G

ヒント 周回算と出会い算の知識を合わせて解く

最初に出会うまでに移動する距離は、2人合わせて 11 km。

▶単位が「m/分」なので、11 km ＝ 11000 m に直す。

2人が近づく速さは、200 ＋ 240 ＝ 440 m/分

距離÷速さ＝時間より、

11000 ÷ 440 ＝ **25 分**

1. 1周1200mのトラックをLとMの2人が走った。Lは平均時速6km、Mは平均時速7.8kmで同時に走り始め、同じ方向に回ったとき、Mが初めてLに追いつくのは、2人が走り始めてから何分後か。

A　35分後　　　B　36分後
C　38分後　　　D　39分後
E　40分後　　　F　42分後
G　43分後　　　H　45分後
I　A～Hのいずれでもない

2. ある池の周りのジョギング・コースをPは時速6kmで、Qは時速9kmで反対の方向に回り始めたところ、8分後に2人は初めてすれ違った。この2人が同じ方向に同時に走り始めると、初めてQがPを追い越すのは、走り始めてから何分後になるか。

A　21分後　　　B　22分後
C　23分後　　　D　24分後
E　25分後　　　F　30分後
G　35分後　　　H　40分後
I　A～Hのいずれでもない

70

11 ● 周回算

解答と解説

1 **正解** E

ヒント 同じ方向に回るときは周回算の追いかけ型

L は 1 時間に 6 km 走り、M は 1 時間に 7.8 km 走る。

▶ 7.8 − 6 = 1.8 より、M は 1 時間につき L より 1.8 km
多く走る。

1 時間 = 60 分であり、1.8 km = 1800 m なので、

「1 時間に 1.8 km 多く進む」=「1 分で 30 m 多く進む」。

M が初めて L に追いつくのは、

M が L より 1 周分の 1200 m 多く走ったときである。

1200 ÷ 30 = 40 より、M が初めて L に追いつくのは**40分後**。

2 **正解** H

ヒント 距離を求めてから、追い越す時間を求める

P と Q は 8 分間でジョギング・コース 1 周分の距離を近づいた。

▶ 8 分 = $\frac{8}{60}$ 時間 = $\frac{2}{15}$ 時間

2 人の近づく速さは、6 + 9 = 15 km/ 時

▶ 速さ×時間＝距離より、$15 \times \frac{2}{15}$ = 2 km

次に、追い越す時間を求める。

P は時速 6 km であり、Q は時速 9 km なので、

9 − 6 = 3 より、Q は 1 時間につき P より 3 km 多く走る。

Q が初めて P に追いつくのは、

Q が P より 1 周分の 2 km 多く走ったときである。

▶ 2 ÷ 3 = $\frac{2}{3}$ 時間 = 40 分   正解は **H**

71

時刻表

こんな問題が出る！

右の図は、ある列車が X 駅を出発して、11 km 先の Y 駅に到着するまでの時刻を示したものである。

駅	時刻
X	13：55
	↓
Y	14：05

❶ このとき、この列車の平均速度はいくらか。

A　時速 55 km　　　　B　時速 58 km
C　時速 60 km　　　　D　時速 63 km
E　時速 66 km　　　　F　時速 70 km
G　時速 75 km　　　　H　時速 78 km
I　時速 92 km　　　　J　A〜I のいずれでもない

❷ ある日、この列車は X 駅を通常どおりに出発したが、途中、信号機の故障トラブルにより、Y 駅へ到着した時刻が 14：07 になった。このとき、この日の X 駅から Y 駅までの平均速度はいくらか。

A　時速 42 km　　　　B　時速 44 km
C　時速 47 km　　　　D　時速 48 km
E　時速 52 km　　　　F　時速 54 km
G　時速 55 km　　　　H　時速 59 km
I　時速 60 km　　　　J　A〜I のいずれでもない

12 ● 時刻表

時刻表から、移動時間を読み取る

ポイント① 時刻表の読み取り方は、問題文に書いてある

ポイント② 移動時間は引き算するだけで求められる

解答と解説

正解 ❶E ❷G

ヒント 時刻表の読み取り方に慣れる

❶ 時刻表から、この列車の移動時間を求める。

X を 13:55 に出発して、Y に 14:05 に到着したので、

駅	時刻
X	13:55
	↓
Y	14:05

移動時間 10 分

X から Y までの移動時間は 10 分。

▶ この列車は 10 分で 11 km 進んだ。

▶ 60 分で 66 km 進む。

よって、**時速 66 km**。

❷ トラブルによって 2 分よけいにかかった。

▶ 移動時間を $10 + 2 = 12$ 分 $= \frac{1}{5}$ 時間で計算する。

▶ 速さ＝距離÷時間より、

$11 \div \frac{1}{5} = 11 \times 5 = 55$ km/時

よって、**時速 55 km**。

練習問題

[1] ある日、甲は8時30分にX町を出て、Y市を通ってZ町まで移動した。図は、そのときの甲の移動について示したものである。
このとき、以下の問いに答えよ。
なお、甲はY市で10分間の休憩を取っている。

甲

X	8:30	
	↓	
Y	9:40	9:50
	↓	
Z		10:30

❶ YZ間の距離が2.4kmのとき、甲のYZ間の平均時速はいくらか。

A 1.6 km/時　　B 2.4 km/時　　C 2.9 km/時
D 3.0 km/時　　E 3.3 km/時　　F 3.6 km/時
G 4.0 km/時　　H A〜Gのいずれでもない

❷ X町から甲が平均時速2.4kmで出発し、その30分後に乙が自転車でその倍の速さで出発した。乙が甲に追いついた時刻は何時何分か。

A 9時0分　　B 9時5分　　C 9時10分
D 9時20分　　E 9時25分　　F 9時30分
G 9時40分　　H A〜Gのいずれでもない

12 ◉ 時刻表

解答と解説

1 正解 ❶ F ❷ F

ヒント 設問ごとに必要な数値だけを読み取る

❶ 右の図のとおり、YZ間の移動時間は40分。

選択肢より、求める速さの単位は「時速△km」の形なので、

$40\text{分} = \frac{40}{60}\text{時間} = \frac{2}{3}\text{時間}$ とする。

甲	
X	8:30
	↓
Y	9:40　9:50
	↓
Z	10:30

移動時間 40分

問題文より、YZ間の距離は2.4km。

速さ＝距離÷時間より、

$2.4 \div \frac{2}{3} = 2.4 \times \frac{3}{2} =$ **3.6 km/時**

❷ 甲は1時間に2.4km進むので、30分で1.2km進む。

▶ 甲がX町から1.2km離れたときに、乙がX町から出発する。

乙の速さは 2.4 × 2 = 4.8 km/時

▶ 乙が甲に近づく速さは、4.8 − 2.4 = 2.4 km/時

乙が甲に追いつくまでに1.2km近づく。

▶ $1.2 \div 2.4 = \frac{1}{2}$ 時間 = 30分

乙は甲の30分後にX町を出発する。

▶ 乙は9時にX町を出た。

▶ 追いついた時刻は、そこから30分後の **9時30分**。

集 合

こんな問題が出る！

ある小学校の5年生100人が、算数、国語の2科目の小テストを受けた。その試験結果は以下のとおりであった。

科目	結果	
算数	60点以上	55人
	60点未満	45人
国語	60点以上	72人
	60点未満	28人

算数、国語ともに60点以上であった生徒は30人いた。算数60点未満で、かつ、国語60点未満であった生徒は何人いるか。

A　3人　　　　　　B　4人
C　5人　　　　　　D　6人
E　7人　　　　　　F　8人
G　9人　　　　　　H　10人
I　11人　　　　　J　A〜Iのいずれでもない

13 ● 集 合

キャロル表を使いこなす

ポイント① 全体を縦と横で2分した表(キャロル表)を使う

ポイント② 合計数は表の外に書き入れる

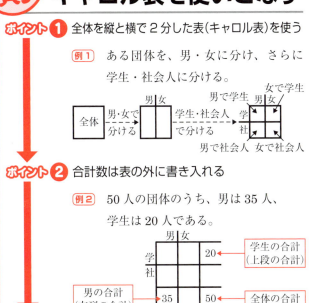

解答と解説

正解 A

ヒント わかっていることを表にまとめる

(上:60点以上、下:60点未満)
求めるのは、右の図の右下のマス(斜線部)
図の①、②の順で解くと右下のマスは **3人**。

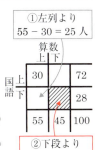

[1] 社員200人のX社の社員にアンケートをとったところ、以下の結果が出た。

	YES	NO
自家用車を持っている	128人	72人
結婚をしている	105人	95人

自家用車を持っておらず、結婚をしている人が42人だとすると、自家用車を持っていて、結婚をしていない人は何人いるか。

A 62人　　B 63人　　C 64人
D 65人　　E 66人　　F 67人
G 68人　　H A〜Gのいずれでもない

[2] 44人の学生に数学と英語を好きかどうかについてアンケートをとったところ、以下の結果が出た。
　ア　数学が好き　　　　　18人
　イ　英語が好き　　　　　23人
　ウ　どちらも好きでない　5人
このとき、どちらも好きと答えた学生は何人いるか。

A 2人　　B 3人　　C 4人
D 5人　　E 6人　　F 7人
G 8人　　H A〜Gのいずれでもない

13●集 合

1 正解 D

ヒント　求めるマスの位置を正確につかむ

「YES」を○、「NO」を×としてキャロル表をつくる。

『自家用車を持っておらず、結婚をしている人』
　▶右上のマス（42人）

『自家用車を持っていて、結婚をしていない人』
　▶左下のマス（求めたい値）

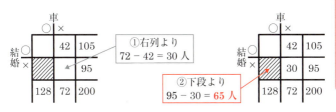

2 正解 A

ヒント　「数学が好きでない」の合計を求める

「好き」を○、「好きでない」を×としてキャロル表をつくる。

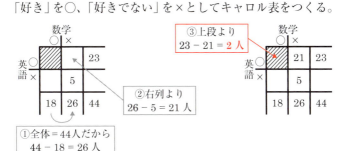

[3] 400人にあるアンケートをとったところ、次の結果になった。
このとき、以下の問いに答えよ。

	YES	NO
読書が好きな人	250人	150人
『伊豆の踊子』を読んだことがある人	170人	230人
旅行が好きな人	200人	200人
伊豆へ行ったことがある人	190人	210人

❶ 読書も旅行も好きでないと答えた人が50人だとすると、読書も旅行も好きな人は何人か。

A 60人　　　B 70人　　　C 80人
D 90人　　　E 100人　　　F 110人
G 120人　　　H A～Gのいずれでもない

❷ 『伊豆の踊子』を読んでいないが、伊豆へ行ったことのある人が108人だとすると、『伊豆の踊子』を読んだ人で伊豆に行ったことのない人は何人か。

A 76人　　　B 78人　　　C 80人
D 82人　　　E 84人　　　F 86人
G 88人　　　H A～Gのいずれでもない

80

13●集　合

 解答と解説

3　正解　❶E　❷G

ヒント　設問ごとに使うデータは2列だけ

Yes＝○、No＝×としてキャロル表をつくる。

❶ 読書も旅行も好きな人

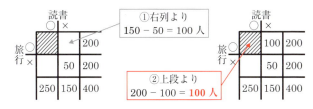

❷ 『伊豆の踊子』を読んだ人で伊豆に行ったことのない人

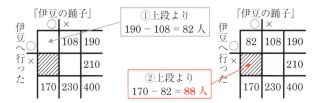

[4] ある小学校の6年生は61人である。このうち兄弟のいる生徒は21人、姉妹のいる生徒は24人、両方いる生徒は4人とすると、ひとりっ子は何人か。

A 19人　　B 20人　　C 21人
D 22人　　E 23人　　F 24人
G 25人　　H 26人　　I 27人
J A〜Iのいずれでもない

[5] あるレストランでランチを食べた人のうち、サラダを付けた人は52人、デザートを付けた人は28人である。サラダを付けた人のうち $\frac{1}{4}$ がデザートも付けたとすると、サラダかデザートのどちらか一方を付けた人は何人か。

A 44人　　B 45人　　C 49人
D 50人　　E 52人　　F 54人
G 55人　　H 57人　　I 60人
J A〜Iのいずれでもない

13 ● 集 合

 解答と解説

4 正解 B

ヒント   「ひとりっ子」＝「兄弟も姉妹もいない」

「兄弟（姉妹）がいる」を○、「兄弟（姉妹）がいない」を×とする。

求めるのは、兄弟も姉妹も×になる右下のマス。

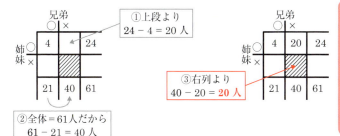

5 正解 F

ヒント   求めるのは、「サラダだけを付けた人」と
「デザートだけを付けた人」の合計

「サラダを付けた人」の $\frac{1}{4}$ がデザートも付けた。

▶サラダとデザートの両方を付けた人は $52 \times \frac{1}{4} = 13$ 人

サラダだけを付けた人（左下のマス）とデザートだけを付けた人（右上のマス）の合計を求める。

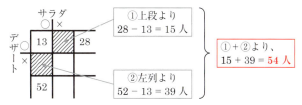

場合の数

こんな問題が出る！

❶ A、B、C、D、E、Fの6人の中から、議長、副議長、書記を1人ずつ選ぶとき、何通りの選び方があるか。

A　30通り　　　　B　60通り
C　72通り　　　　D　85通り
E　96通り　　　　F　105通り
G　120通り　　　 H　A～Gのいずれでもない

❷ A、B、C、D、Eの5人の中から、日直を3人選ぶとき、何通りの選び方があるか。

A　10通り　　　　B　15通り
C　20通り　　　　D　30通り
E　40通り　　　　F　45通り
G　60通り　　　　H　A～Gのいずれでもない

14 ● 場合の数

場合の数の公式を覚える!

ポイント ❶ **順列と組み合わせの違い**をしっかり理解する

解答と解説

正解 ❶ G ❷ A

ヒント 順列の公式は、(全体の数) P (選ぶ個数)

❶ 「議長 = A、副議長 = B、書記 = C」
  「議長 = B、副議長 = C、書記 = A」

  ▶ 入れ替えると別の選び方なので、**順列**。

公式では、全体の数(A〜Fの6人)と、選ぶ個数(3つの役職)を使う。

$_6P_3$(6人から3人を順列で選ぶ) = $6 \times 5 \times 4$ = **120 通り**

(全体の数 / 1ずつ減る / 選ぶ個数 / 3個かけ算する)

ヒント 組み合わせの公式は、(全体の数) C (選ぶ個数)

❷ 「日直は ABC」と「日直は BCA」は同じ選び方。

  ▶ 入れ替えても同じ選び方なので、**組み合わせ**。

公式では、全体の数(A〜Eの5人)と、選ぶ個数(3人の代表)を使う。

$_5C_3$(5人から3人を組み合わせで選ぶ) = $\dfrac{5 \times 4 \times 3}{3 \times 2 \times 1}$ = **10 通り**

(全体の数 / 分母・分子とも1ずつ減る / 選ぶ個数 / 分母・分子とも3個かけ算する)

[1] 現在、テニス部には男子6人、女子7人が在籍している。この中から、男子1人、女子1人でペアを組むとき、全部で何通りの組み合わせが考えられるか。

A 40通り　　　B 42通り　　　C 44通り
D 46通り　　　E 49通り　　　F 50通り
G 54通り　　　H 56通り
I A〜Hのいずれでもない

[2] P、Q、R、S、Tの5人が1列に並ぶとき、何通りの並び方があるか。

A 20通り　　　B 36通り　　　C 48通り
D 50通り　　　E 60通り　　　F 84通り
G 100通り　　H 120通り
I A〜Hのいずれでもない

[3] 0、1、2、3、4の5つの数字のうち、異なる3つの数字を使って3桁の整数を作るとき、何通りの整数が作れるか。

A 48通り　　　B 60通り　　　C 72通り
D 84通り　　　E 96通り　　　F 108通り
G 120通り　　H A〜Gのいずれでもない

86

14●場合の数

解答と解説

1 **正解** B

ヒント 「さらに」はかけ算で計算する

男女で分けて考える。

①男子6人のうち1人を選ぶので、6通り。

②女子7人のうち1人を選ぶので、7通り。

③男子1人を選び、**さらに**女子1人を選ぶので、①×②。

▶ $6 \times 7 = $ **42通り**

2 **正解** H

ヒント 「1列に並べる」は順列で計算する

何人かを1列に並べる場合、

どこか2人を入れ替えると別の並び方になるので、**順列**。

5人中5人を並べるので、全体の数＝5、選ぶ個数＝5。

$_5P_5 = 5 \times 4 \times 3 \times 2 \times 1 = $ **120通り**

3 **正解** A

ヒント 3桁の整数は、百の位に「0」はこない

①百の位は「0」以外なので、1、2、3、4の4通りの選び方。

②百の位で使わなかった残り4つの数字から2つを選び、

十の位と一の位に一列に並べる（**順列**）。

$_4P_2 = 4 \times 3 = 12$ 通り

③百の位を並べ、**さらに**十の位と一の位を並べるので、

①×②。

▶ $4 \times 12 = $ **48通り**

SPI

テストセンター

87

[4] 男子3人、女子4人の7人が一列に並ぶ。このとき、両端に男子がくるような並び方は何通りあるか。

A 84通り B 120通り C 240通り
D 360通り E 480通り F 600通り
G 720通り H A〜Gのいずれでもない

[5] A〜Eの5人が横一列に並ぶとき、AとBが隣り合う並び方は何通りあるか。

A 8通り B 12通り C 18通り
D 24通り E 30通り F 36通り
G 48通り H 56通り
I A〜Hのいずれでもない

[6] 主将1人を含めて8人のバスケットボール選手がいる。その中からスターティングメンバー5人を選ぶ。主将は必ずスターティングメンバーに入るとすると、スターティングメンバーの組み合わせは何通り考えられるか。

A 24通り B 25通り C 30通り
D 32通り E 35通り F 40通り
G 42通り H A〜Gのいずれでもない

14 ● 場合の数

解答と解説

4 正解 G

ヒント　制限のある「両端」を先に並べる

①両端に男子3人のうち2人を並べる。
▶ $_3P_2 = 3 \times 2 = 6$ 通り

②あいだに残りの5人を並べる。
▶ $_5P_5 = 5 \times 4 \times 3 \times 2 \times 1 = 120$ 通り

③「両端を並べて」**さらに**「あいだを並べる」ので
①**×**②。
▶ $6 \times 120 =$ **720 通り**

5 正解 G

ヒント　「隣り合う2人」は「合わせて1人」と考える

隣り合うAとBは合わせて1人なので4人を一列に並べると考える。
▶ $_4P_4 = 4 \times 3 \times 2 \times 1 = 24$ 通り

AとBの並び方に注目。
「AB」と「BA」の2通りなので
▶ 24 通り × 2 通り = **48 通り**

図のように4人として並べ替えれば常にAとBが隣り合う

6 正解 E

ヒント　主将をはずして計算する

主将以外の7人から、4人を「組み合わせ」で選ぶ。
▶ $_7C_4 = \dfrac{7 \times 6 \times 5 \times 4}{4 \times 3 \times 2 \times 1} =$ **35 通り**

練 習 問 題

7 日本史の問題が 4 問、世界史の問題が 3 問の合計 7 問あり、これらを使ってテストを作る。このとき、以下の問いに答えよ。

❶ 日本史、世界史の中から、2 問ずつ合計 4 問を選ぶとすると、何通りの選び方があるか。

A 12 通り   B 14 通り
C 18 通り   D 20 通り
E 21 通り   F 25 通り
G 27 通り   H 30 通り
I 35 通り   J A〜I のいずれでもない

❷ 2 科目のどちらもが少なくとも 1 問は入るように、合計 4 問のテストを作りたい。何通りのテストを作ることができるか。

A 27 通り   B 28 通り
C 29 通り   D 30 通り
E 31 通り   F 32 通り
G 33 通り   H 34 通り
I 35 通り   J A〜I のいずれでもない

14●場合の数

7 正解 ❶C ❷H

❶ 日本史と世界史を分けて計算する。

①日本史は4問中2問を組み合わせで選ぶ。
▶ $_4C_2 = \dfrac{4 \times 3}{2 \times 1} = 6$ 通り

②世界史は3問中2問を組み合わせで選ぶ。
▶ $_3C_2 = \dfrac{3 \times 2}{2 \times 1} = 3$ 通り

③日本史を選び、さらに世界史を選ぶ。
▶ $6 \times 3 =$ **18通り**

❷ 「少なくとも」型の問題は、
「全体」-「条件を満たさないもの」で計算する。

①7問から4問選ぶ。
▶ $_7C_4 = \dfrac{7 \times 6 \times 5 \times 4}{4 \times 3 \times 2 \times 1} = 35$ 通り

②「2科目のどちらもが少なくとも1問は入る」を満たさないのは、「1科目だけで4問選ぶ」とき。
「条件を満たさないもの」は日本史4問から4問とも選ぶ場合。
▶ $_4C_4 = \dfrac{4 \times 3 \times 2 \times 1}{4 \times 3 \times 2 \times 1} = 1$ 通り

③「全体」-「日本史から4問選ぶ」= 35 - 1 = **34通り**

頻出度
★★★★★

15 確 率

こんな問題が出る！

❶ 表と裏の出る確率が等しいコインを 3 枚投げたとき、3枚とも表になる確率はいくらか。

A $\frac{1}{2}$ B $\frac{1}{3}$ C $\frac{1}{4}$

D $\frac{1}{5}$ E $\frac{1}{6}$ F $\frac{1}{7}$

G $\frac{1}{8}$ H A～Gのいずれでもない

❷ 大小サイコロ 2 つを振ったとき、出た目の数の和が 9になる確率はいくらか。

A $\frac{1}{18}$ B $\frac{1}{12}$ C $\frac{1}{9}$

D $\frac{5}{36}$ E $\frac{1}{6}$ F $\frac{7}{36}$

G $\frac{2}{9}$ H A～Gのいずれでもない

15 ● 確 率

確率 = 条件を満たす場合の数 / 全体の場合の数

ポイント ❶ 解法の流れは2通りある

(解法1) 場面ごとに確率を求め、最後にまとめる。

(解法2) 全体の場合の数と求める場合の数を求め、確率を求める。

※問題によって解きやすいほうを使おう

解答と解説

正解 ❶ G   ❷ C

ヒント コイン1枚ずつ確率を考え、(解法1)を使う

❶ 表になる確率は、1枚目が $\frac{1}{2}$、2枚目も $\frac{1}{2}$、3枚目も $\frac{1}{2}$
1枚目を投げ、**さらに**2枚目を投げ、**さらに**3枚目を投げるので、求める確率は、$\frac{1}{2} \times \frac{1}{2} \times \frac{1}{2} = \underline{\frac{1}{8}}$

ヒント 出た目の数の和が9になるパターンを考え、(解法2)を使う

❷ ①大小2つのサイコロの目の出方は、6 × 6 = 36 通り。
②出た目の数の和が9になるのは、(3, 6)、(4, 5)、(5, 4)、(6, 3) の4通り。
よって、求める確率は、$\frac{4}{36} = \underline{\frac{1}{9}}$

練 習 問 題

1 1つの袋に白球4個、黒球3個が入っている。ここから中を見ずに2個取り出して、ともに黒が出る確率はいくらか。

A $\frac{1}{42}$ B $\frac{1}{21}$ C $\frac{1}{14}$

D $\frac{2}{21}$ E $\frac{5}{42}$ F $\frac{1}{7}$

G $\frac{1}{6}$ H A～Gのいずれでもない

2 大小2つのサイコロを振ったとき、出た目の数の積が奇数になる確率はいくらか。

A $\frac{1}{9}$ B $\frac{5}{36}$ C $\frac{1}{6}$

D $\frac{2}{9}$ E $\frac{1}{4}$ F $\frac{5}{18}$

G $\frac{1}{3}$ H A～Gのいずれでもない

94

15 ● 確　率

解答と解説

1　正解　F

ヒント　1個目、2個目を分けて確率計算する

袋の中に残っている、全体の球の個数と黒球の個数に注意する。

① 1個目が黒になる確率は、7個中3個の黒を引くので、$\frac{3}{7}$

② 2個目が黒になる確率は、6個中2個の黒を引くので、$\frac{2}{6}$

求めるのは、1個目が黒球、**さらに**2個目も黒球が出る確率なので、

▶ ① × ② = $\frac{3}{7} \times \frac{2}{6} = \frac{1}{7}$

2　正解　E

① 大小2つのサイコロの目の出方は、6 × 6 = 36 通り。

② 出た目の積が奇数になるのは、

　（1、1）、（1、3）、（1、5）、（3、1）、（3、3）、（3、5）、

　（5、1）、（5、3）、（5、5）の9通り。

よって、求める確率は、$\frac{9}{36} = \frac{1}{4}$

3 赤球5個、白球4個の入った袋から、中を見ずに3個の球を1個ずつ取り出す。このとき、1個目が白、2個目が赤、3個目が白になる確率はいくらか。

A $\frac{1}{21}$　　B $\frac{1}{14}$　　C $\frac{2}{21}$
D $\frac{5}{42}$　　E $\frac{1}{7}$　　F $\frac{1}{6}$
G $\frac{4}{21}$　　H A〜Gのいずれでもない

4 3枚のコインを投げたとき、少なくとも1枚が表になる確率はいくらか。ただし、表と裏の出る確率は等しいものとする。

A $\frac{1}{8}$　　B $\frac{1}{4}$　　C $\frac{3}{8}$
D $\frac{1}{2}$　　E $\frac{5}{8}$　　F $\frac{3}{4}$
G $\frac{7}{8}$　　H A〜Gのいずれでもない

15 ● 確 率

 解答と解説

3 正解 D

ヒント 取り出し方が「同時」でも「連続」でも、計算は同じ

① 1個目が白になる確率は、9個中4個の白を引くので、$\dfrac{4}{9}$

② 2個目が赤になる確率は、8個中5個の赤を引くので、$\dfrac{5}{8}$

③ 3個目が白になる確率は、7個中3個の白を引くので、$\dfrac{3}{7}$

④ 1個目が白、**さらに** 2個目は赤、**さらに** 3個目は白。

▶ ① × ② × ③ = $\dfrac{4}{9} \times \dfrac{5}{8} \times \dfrac{3}{7} = \dfrac{\mathbf{5}}{\mathbf{42}}$

4 正解 G

ヒント 「少なくとも」型は引き算で求める

問題文に **「少なくとも」** が含まれる問題は、

「全体」－「条件を満たさないもの」 で計算する。

▶ 条件を満たさないのは、「3枚とも裏」の場合。

①「全体の確率」は 100％ = 1

② 3枚とも裏になる確率は、$\dfrac{1}{2} \times \dfrac{1}{2} \times \dfrac{1}{2} = \dfrac{1}{8}$

③ 求める確率は、① － ② = $1 - \dfrac{1}{8} = \dfrac{\mathbf{7}}{\mathbf{8}}$

5 1つのサイコロを2回振ったとき、1の目が少なくとも1回は出る確率はいくらか。

A $\frac{11}{36}$ B $\frac{2}{3}$ C $\frac{25}{36}$
D $\frac{7}{9}$ E $\frac{5}{6}$ F $\frac{8}{9}$
G $\frac{11}{12}$ H A～Gのいずれでもない

6 当たりくじ3本を含む合計21本のくじがある。このくじを2回引いたとき、1回だけ当たる確率はいくらか。ただし、1度引いたくじは、もとに戻さないこととする。

A $\frac{1}{7}$ B $\frac{6}{35}$ C $\frac{1}{5}$
D $\frac{8}{35}$ E $\frac{9}{35}$ F $\frac{2}{7}$
G $\frac{11}{35}$ H A～Gのいずれでもない

15●確 率

 解答と解説

5 正解 A

「1の目が少なくとも1回は出る」という条件を満たさないのは、2回とも1の目以外の目が出る場合。

① 2回とも1の目以外の目が出る確率は、$\frac{5}{6} \times \frac{5}{6} = \frac{25}{36}$

②「全体の確率」－① = $1 - \frac{25}{36} = \mathbf{\frac{11}{36}}$

6 正解 E

ヒント 「1回だけ当たる場合」は2通りある

① 1回目は当たり、2回目ははずれる場合。

1回目が当たる確率は $\frac{3}{21} = \frac{1}{7}$

2回目がはずれる確率は $\frac{18}{20} = \frac{9}{10}$

▶ 1回目当たり、**さらに**2回目はずれる確率は、
$\frac{1}{7} \times \frac{9}{10} = \frac{9}{70}$

② 1回目ははずれ、2回目は当たる場合。

1回目がはずれる確率は $\frac{18}{21} = \frac{6}{7}$

2回目が当たる確率は $\frac{3}{20}$

▶ 1回目はずれ、**さらに**2回目当たる確率は、
$\frac{6}{7} \times \frac{3}{20} = \frac{9}{70}$

③ 1回だけ当たる確率は、①と②の合計なので、
$\frac{9}{70} + \frac{9}{70} = \mathbf{\frac{9}{35}}$

[7] 2本の当たりくじを含む7本のくじがある。このくじを7人が1本ずつ順番に引く。ただし、1度引いたくじは戻さない。
このとき、以下の問いに答えよ。

❶ 2人目と3人目がともに当たりくじを引く確率はいくらか。

A $\frac{1}{42}$　　B $\frac{1}{21}$　　C $\frac{1}{14}$
D $\frac{2}{21}$　　E $\frac{5}{42}$　　F $\frac{1}{7}$
G $\frac{1}{6}$　　H A～Gのいずれでもない

❷ 2人目が当たりくじを引く確率はいくらか。

A $\frac{1}{42}$　　B $\frac{1}{21}$　　C $\frac{1}{14}$
D $\frac{2}{21}$　　E $\frac{5}{42}$　　F $\frac{2}{7}$
G $\frac{1}{6}$　　H A～Gのいずれでもない

15 ● 確 率

 解答と解説

[7] 正解 ❶B ❷F

ヒント 条件を満たすのは、どんな場合かを考える

❶ 2人目と3人目がともに当たるのは、1人目がはずれ、2人目が当たり、3人目が当たるときだけ。

全体のくじの数と当たりくじの数に注意して式を立てる。
▶ $\dfrac{5}{7} \times \dfrac{2}{6} \times \dfrac{1}{5} = \dfrac{1}{21}$

❷ 1人目が当たった場合とはずれた場合を両方計算する。

① 1人目が当たり、2人目が当たる場合。

1人目が当たる確率は $\dfrac{2}{7}$

2人目が当たる確率は $\dfrac{1}{6}$

▶ $\dfrac{2}{7} \times \dfrac{1}{6} = \dfrac{1}{21}$

② 1人目がはずれ、2人目が当たる場合。

1人目がはずれる確率は $\dfrac{5}{7}$

2人目が当たる確率は $\dfrac{2}{6} = \dfrac{1}{3}$

▶ $\dfrac{5}{7} \times \dfrac{1}{3} = \dfrac{5}{21}$

③ 2人目が当たる確率は、①と②の合計なので、
$\dfrac{1}{21} + \dfrac{5}{21} = \dfrac{6}{21} = \dfrac{2}{7}$

※くじの当たる確率は何番目に引いても変わらない。
1人目も2人目も同じ $\dfrac{2}{7}$ の確率。

頻出度 ★★★

16 仕事算

こんな問題が出る！

ある仕事を終えるのに、L1人で行なうと14日、M1人で行なうと35日かかる。この仕事をL、M2人が共同で行なうと、終わるまでに何日かかるか。

A　4日

B　5日

C　6日

D　7日

E　8日

F　9日

G　10日

H　11日

I　A〜Hのいずれでもない

16 ● 仕事算

仕事の速さを分数で表す

ポイント❶ 仕事全体の量＝1（＝100%）とおく

ポイント❷ 仕事算の公式を覚える

　　公式　**仕事の速さ×仕事をした時間＝仕事をした量**

ポイント❸ 仕事の速さ＝$\dfrac{1}{\text{仕事を終えるまでの時間}}$

解答と解説

正解 G

ヒント 共同で仕事をするときは、仕事の速さを足す

Lは1人で14日かけて仕事をすべて終わらせる。

▶仕事をした時間は14日、仕事をした量は1。

▶Lの仕事の速さは、1日あたり$\dfrac{1}{14}$

同じように考えると、Mの仕事の速さは、1日あたり$\dfrac{1}{35}$

共同で仕事を行なうので、2人の仕事の速さを足す。

▶2人で働いたときの仕事の速さ＝$\dfrac{1}{14}+\dfrac{1}{35}=\dfrac{7}{70}=\dfrac{1}{10}$

分母が「仕事を終えるまでの時間」なので、**10日**かかる。

1 ある水槽に水が満たされている。この水槽には2本の排水管P、Qがあり、排水管Pだけを使って水を出すと、水槽が空になるまで21分かかる。また、排水管Qだけを使うと水槽が空になるまで28分かかる。排水管P、Qを同時に使って排水するとき、この水槽が空になるまでに何分かかるか。

A　7分　　B　8分
C　9分　　D　10分
E　11分　　F　12分
G　13分　　H　14分
I　15分　　J　A～Iのいずれでもない

2 X1人で20日、Y1人で30日かかる仕事がある。この仕事をXとYが2人共同で6日間行ない、残りをYが1人で行なうことになった。Yが1人で何日間仕事をすれば終わらせられるか。

A　13日間　　B　14日間
C　15日間　　D　16日間
E　17日間　　F　18日間
G　19日間　　H　A～Gのいずれでもない

16 ● 仕事算

 解答と解説

1 正解 F

ヒント　水槽の問題も考え方は仕事算と同じ

排水管 P の排水の速さは、1 分間あたり $\frac{1}{21}$

排水管 Q の排水の速さは、1 分間あたり $\frac{1}{28}$

▶ P ＋ Q の排水の速さは、1 分間あたり $\frac{1}{21} + \frac{1}{28} = \frac{1}{12}$

分母が「水槽が空になるまでの時間」なので、**12 分**かかる。

2 正解 C

ヒント　2 人共同で行なった場合と Y1 人で行なった場合に分けて解く

X の仕事の速さは 1 日あたり $\frac{1}{20}$、Y の仕事の速さは 1 日あたり $\frac{1}{30}$

X と Y2 人共同で行なった場合の仕事の速さは、1 日あたり $\frac{1}{20} + \frac{1}{30} = \frac{1}{12}$

Y1 人で行なった日数を t 日間とおく。

2 人共同で 6 日間、Y1 人で t 日間行なうとすべて終わる。

▶ $\frac{1}{12} \times 6 + \frac{1}{30} \times t = 1$

▶ $t =$ **15 日間**

練 習 問 題

3 熟練者が 1 人でやると 40 時間、非熟練者が 1 人でやると 60 時間かかる仕事がある。この仕事を熟練者 2 人と非熟練者 1 人が共同で行なったとき、何時間で仕事が終わるか。

A 12 時間　　B 13 時間
C 15 時間　　D 18 時間
E 20 時間　　F 21 時間
G 22 時間　　H 24 時間
I 30 時間　　J A〜I のいずれでもない

4 X が 1 人で行なうと 30 日かかる仕事を、X と Y が 2 人で同時に行なうと 20 日かかる。この仕事を Y が 1 人で行なうと何日かかるか。

A 12 日　　B 15 日
C 20 日　　D 25 日
E 36 日　　F 48 日
G 50 日　　H 54 日
I 60 日　　J A〜I のいずれでもない

16 ● 仕事算

 解答と解説

3 正解 C

熟練者1人の仕事の速さは $\frac{1}{40}$

非熟練者1人の仕事の速さは $\frac{1}{60}$

▶ 熟練者2人と非熟練者1人が共同で仕事をする。

▶ 3人の仕事の速さ $= \frac{1}{40} + \frac{1}{40} + \frac{1}{60} = \frac{3}{120} + \frac{3}{120} + \frac{2}{120}$
$= \frac{8}{120} = \frac{1}{15}$

よって、3人共同で行なうと **15時間**で終わる。

4 正解 I

 Yの仕事の速さ＝2人の仕事の速さ－Xの仕事の速さ

Xの仕事の速さ＋Yの仕事の速さ＝2人の速さ

▶ **Yの速さ＝2人の速さ－Xの速さ**

Xの仕事の速さは、$\frac{1}{30}$

XとY2人同時に行なうときの仕事の速さは、$\frac{1}{20}$なので

▶ Yの速さ $= \frac{1}{20} - \frac{1}{30} = \frac{3}{60} - \frac{2}{60} = \frac{1}{60}$

よって、この仕事をYが1人で行なうと、**60日**かかる。

練 習 問 題

⑤ ある空の水槽に、水道管 L を 1 本だけ使って水を入れる
と水槽が満たされるまでに 10 時間かかり、水道管 M
を 1 本だけ使って水を入れると水槽が満たされるまでに
15 時間かかる。いま、この空の水槽に L と M を 1 本ず
つ使って 2 時間水を入れた後、水道管 N を 1 本だけ使っ
て水を入れたところ、N で水を入れ始めてから 8 時間後
に水槽が満たされた。この水槽が空のときに N を 1 本
だけ使って水を入れるとすると、水槽に満たされるまで
の時間はいくらか。

A　11 時間 20 分　　　B　11 時間 45 分

C　12 時間　　　　　　D　12 時間 10 分

E　12 時間 15 分　　　F　12 時間 40 分

G　13 時間　　　　　　H　13 時間 24 分

I　13 時間 50 分　　　J　A ～ I のいずれでもない

⑥ ある仕事を終わらせるのに、P が 1 人で 1 日 4 時間ず
つ行なうと 60 日かかる。同じ仕事を Q が 1 人で 1 日
5 時間ずつ行なうと 24 日かかる。この仕事を P と Q
の 2 人が同時で 1 日 8 時間ずつ行なうと、終わらせる
までに何日かかるか。

A　6 日　B　7 日　C　8 日　D　9 日　E　10 日

F　11 日　G　12 日　　H　A ～ G のいずれでもない

108

16●仕事算

🖉 解答と解説

5 正解 C

ヒント 水槽の問題も仕事算で解ける

LとMを合わせた水を入れる速さは、

1時間あたり $\dfrac{1}{10} + \dfrac{1}{15} = \dfrac{1}{6}$

Nの水を入れる速さを1時間あたり x とおいて式を立てる。

$\dfrac{1}{6} \times 2$（時間）$+ x \times 8$（時間）$= 1$

$$x = \dfrac{1}{12}$$

▶ Nの水を入れる速さは $\dfrac{1}{12}$ なので、

N1本だけなら **12時間**かかる。

6 正解 E

ヒント 1時間あたりの仕事の速さを考える

Pだけで行なうと、4時間 × 60日 = 240時間かかる。

Qだけで行なうと、5時間 × 24日 = 120時間かかる。

▶ Pの仕事の速さは1時間あたり $\dfrac{1}{240}$

▶ Qの仕事の速さは1時間あたり $\dfrac{1}{120}$

PとQの2人が共同で行なうときの仕事の速さは、

1時間あたり $\dfrac{1}{240} + \dfrac{1}{120} = \dfrac{1}{80}$

2人で1日8時間仕事をすると、1日あたり $\dfrac{1}{80} \times 8 = \dfrac{1}{10}$

▶ 2人で仕事を終わらせるのに **10日**かかる。

頻出度 ★★★★

17 濃　度

こんな問題が出る！

15%の食塩水 350g と 6%の食塩水 100g をよく混ぜると、何%の食塩水ができるか。

A　9.5%

B　10.0%

C　11.0%

D　11.5%

E　12.0%

F　13.0%

G　13.5%

H　14.0%

I　15.0%

J　A〜I のいずれでもない

17●濃 度

 濃度表を使って解く

ポイント❶ 濃度表の使い方をマスターする

> 例 15%の食塩水350gと6%の食塩水100gをよく混ぜると、何%の食塩水ができるか。

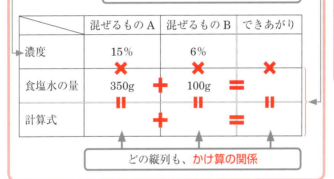

解答と解説

正解 F

 濃度表を使って式を立てる

濃度表の①＝②より、

$5250 + 600 = x \times 450$

$5850 = 450x$

$x = 13\%$

	A	B	できあがり
濃度	15%	6%	$x\%$
食塩水の量	350g	100g	450g
計算式	5250	600	

111

練習問題

1 7%の食塩水 300g に 14%の食塩水 400g を入れて よくかき混ぜたとき、できあがる食塩水の濃度はいくら か。

A	9.2%	B	9.5%	C	9.8%
D	10.0%	E	10.7%	F	11.0%
G	11.5%	H	A〜Gのいずれでもない		

2 ある濃度の食塩水 400g に 19%の食塩水 300g を入 れたら、15%の食塩水になった。最初にあった食塩水 の濃度はいくらか。

A	10%	B	11%	C	12%
D	13%	E	14%	F	15%
G	16%	H	A〜Gのいずれでもない		

3 8%の食塩水 200g に 20%の食塩水を混ぜ、10%の 食塩水をつくる。20%の食塩水は何gか。

A	40g	B	44g	C	50g
D	56g	E	60g	F	64g
G	70g	H	75g	I	80g
J	A〜Iのいずれでもない				

17 ● 濃　度

 解答と解説

1　正解　F

ヒント　全部で何 g の食塩水ができるかを考える

濃度表の① = ②より、
$2100 + 5600 = x \times 700$
$7700 = 700x$
$x = \mathbf{11\%}$

	A	B	できあがり
濃度	7%	14%	x%
食塩水の量	300g	400g	700g
計算式	2100	5600	

横列の合計
300 + 400 = 700g

2　正解　C

濃度表の① = ②より、
$400x + 5700 = 15 \times 700$
$400x = 10500 - 5700$
$x = 4800 \div 400$
$x = \mathbf{12\%}$

	A	B	できあがり
濃度	x%	19%	15%
食塩水の量	400g	300g	700g
計算式	400x	5700	

3　正解　A

ヒント　できあがりの食塩水の量を、x の式で表す

濃度表の① = ②より、
$1600 + 20x = 10(200 + x)$
$1600 + 20x = 2000 + 10x$
$10x = 400$
$x = \mathbf{40g}$

	A	B	できあがり
濃度	8%	20%	10%
食塩水の量	200g	xg	(200 + x)g
計算式	1600	20x	

[4] 11%の食塩水と17%の食塩水を混ぜ合わせて、15%の食塩水を600g作りたい。11%の食塩水は何g混ぜればよいか。

A 200g　　B 240g　　C 250g
D 270g　　E 300g　　F 350g
G 400g　　H A～Gのいずれでもない

[5] 8%の食塩水120gに水を加えて6%の食塩水にした。水はいくら加えたか。

A 10g　　B 15g　　C 20g
D 25g　　E 30g　　F 35g
G 40g　　H A～Gのいずれでもない

[6] 5%の食塩水360gを10%の食塩水にするには、何gの塩を加えればよいか。

A 5g　　B 10g　　C 12g
D 15g　　E 18g　　F 20g
G 25g　　H A～Gのいずれでもない

17 ● 濃　度

解答と解説

[4] 正解　A

ヒント　11%の食塩水の量を xg とおくと、17%の食塩水の量は $(600-x)$g とおける

$11x + 17(600-x) = 15 \times 600$

$11x + 10200 - 17x = 9000$

$-6x = 9000 - 10200$

$x = -1200 \div (-6)$

$x = \mathbf{200g}$

	A	B	できあがり
濃度	11%	17%	15%
食塩水の量	xg	$(600-x)$g	600g
計算式	$11x$	$17(600-x)$	

[5] 正解　G

ヒント　水は0%の食塩水と考える

$6(120+x) = 960$

$720 + 6x = 960$

$x = 240 \div 6$

$x = \mathbf{40g}$

	A	B	できあがり
濃度	8%	0%	6%
食塩水の量	120g	xg	$(120+x)$g
計算式	960	0	

[6] 正解　F

ヒント　塩は100%の食塩水と考える

$1800 + 100x = 10(360+x)$

$1800 + 100x = 3600 + 10x$

$90x = 1800$

$x = \mathbf{20g}$

	A	B	できあがり
濃度	5%	100%	10%
食塩水の量	360g	xg	$(360+x)$g
計算式	1800	$100x$	

[7] 塩 72g と水 528g を混ぜると、何%の食塩水になるか。

A 10%　　B 12%　　C 13%
D 14%　　E 15%　　F 17%
G 18%　　H A～Gのいずれでもない

[8] 5%の食塩水 300g を 6%の食塩水にするには、何gの水分を蒸発させればよいか。

A 45.0g　　B 48.5g　　C 50.0g
D 52.5g　　E 63.0g　　F 65.0g
G 72.5g　　H A～Gのいずれでもない

[9] 6%の食塩水、11%の食塩水、13%の食塩水を、それぞれ 30g、20g、50g 混ぜた。このとき、できあがった食塩水の濃度は何%か。

A 9.0%　　B 9.5%　　C 9.6%
D 10.0%　　E 10.5%　　F 10.8%
G 11.0%　　H A～Gのいずれでもない

17●濃　度

 解答と解説

7　正解　B

$600x = 7200$
$x = 7200 \div 600$
$x = \mathbf{12\%}$

	塩	水	できあがり
濃度	100%	0%	$x\%$
食塩水の量	72g	528g	600g
計算式	7200	0	

8　正解　C

ヒント 蒸発は「濃度0%、gをマイナス」で記入する

蒸発させた量を xg とおく

①＝②より、
$1500 = 6(300 - x)$
$1500 = 1800 - 6x$
$6x = 300$
$x = \mathbf{50g}$

	A	蒸発	できあがり
濃度	5%	0%	6%
食塩水の量	300g	$-x$g	$(300-x)$g
計算式	1500	0	

9　正解　E

ヒント 食塩水をいくつ混ぜても、考え方は同じ

①＝②より、
$180 + 220 + 650 = 100x$
$100x = 1050$
$x = \mathbf{10.5\%}$

	A	B	C	できあがり
濃度	6%	11%	13%	$x\%$
食塩水の量	30g	20g	50g	100g
計算式	180	220	650	

頻出度 ★★★

18 推 論（論理）

こんな問題が出る！

次の説明を読んで、
問いに答えなさい。

小銭入れにいくつかの硬貨が
入っている。これについて、次
のような証言があった。

ア 小銭入れには100円玉が
入っている

イ 小銭入れには100円玉と
50円玉が入っている

ウ 小銭入れには少なくとも2
種類以上の硬貨が入ってい
る

ア、イ、ウの証言について、
次のP、Q、Rの推論がなさ
れた。これらのうち、確実に
正しいものはどれか。A〜H
から1つ選べ。

P アが正しいならば、ウも
正しい

Q イが正しいならば、アも
正しい

R ウが正しいならば、イも
正しい

○ **A** Pだけ
○ **B** Qだけ
○ **C** Rだけ
○ **D** PとQ
○ **E** PとR
○ **F** QとR
○ **G** PとQとR
○ **H** 正しい推論はない

18 ● 推　論（論理）

わかること・わからないことを確認する

ポイント ❶ 「少なくとも〜つ以上」に注意する

解答と解説

正解　B

①**ア**が正しいとき

　100円玉が入っていることだけが確実。
　▶ほかの硬貨が入っている可能性もある。

②**イ**が正しいとき

　100円玉と50円玉が入っていることだけが確実。
　▶ほかの硬貨が入っている可能性もある。

③**ウ**が正しいとき

　2種類の硬貨が入っていることだけが確実。
　▶硬貨の種類は一切わからない。

P　**ア**が正しいときは①がわかる。
　▶100円玉以外の硬貨が入っているとは限らない。
　▶**ウ**が正しいとは限らない。

Q　**イ**が正しいときは②がわかる。
　▶**ア**は確実に正しい。

R　**ウ**が正しいときは③がわかる。
　▶入っている2種類の硬貨の種類はわからない。
　▶**イ**が正しいとは限らない。

よって、確実に正しいといえるのは **Q** だけ。

練習問題

1

次の説明を読んで、
問いに答えなさい。

1つの箱の中にいくつかの球が
入っており、それぞれの球には
色がついている。これらの球に
ついて、次のような証言があっ
た。

ア 箱の中には赤い球、白い球、
  青い球が入っている
イ 箱の中には白い球2個と赤
  い球が3個入っている
ウ 箱の中には少なくとも2色
  以上の球が入っている

ア、イ、ウについて、次の推
論S、T、Uがなされた。こ
れらのうち、確実に正しいも
のはどれか。A～Hから1
つ選べ。

S アが正しいなら、ウも正
  しい
T イが正しいなら、アも正
  しい
U ウが正しいなら、イも正
  しい

○ A Sだけ
○ B Tだけ
○ C Uだけ
○ D SとT
○ E SとU
○ F TとU
○ G SとTとU
○ H 正しい推論はない

18 ● 推　論（論理）

 解答と解説

1　正解　A

①**ア**が正しいとき
　箱の中には赤い球、白い球、青い球が入っていることだけが確実。
　▶個数は不明で、ほかの色の球も入っている可能性がある。

②**イ**が正しいとき
　箱の中には白い球2個と赤い球3個が入っていることだけが確実。
　▶ほかの色の球も入っている可能性がある。

③**ウ**が正しいとき
　箱の中には2色以上の球が入っていることだけが確実。
　▶色の種類は一切わからない。

S　**ア**が正しいときは①がわかる。
　▶3色の球が入っているので、2色以上の球が入っているのは確実。
　▶**ウ**は確実に正しい。

T　**イ**が正しいときは②がわかる。
　▶青い球が入っているとは限らない。
　▶**ア**は正しいとは限らない。

U　**ウ**が正しいときは③がわかる。
　▶入っている球の色はわからない。
　▶**イ**が正しいとは限らない。

よって、正しいといえるのは**Sだけ**。

推論（人口密度）

頻出度 ★★★
19

こんな問題が出る！

次の説明を読んで、問いに答えなさい。

次の表は、S、T、Uの3つの市について、人口密度（1km² あたりの人口）を示したものである。S市の面積はT市の面積の半分であり、T市の面積はU市の面積と等しい。

市名	人口密度
S	300
T	240
U	150

次のア、イの推論について、A～Iから正しいものを1つ選べ。

ア S市の人口はU市の人口と等しい
イ S市とT市を合わせた地域の人口密度は260である

- A アもイも正しい
- B アは正しいが、イはどちらともいえない
- C アは正しいが、イは誤り
- D アはどちらともいえないが、イは正しい
- E アはどちらともいえないが、イは誤り
- F アもイもどちらともいえない
- G アは誤りだが、イは正しい
- H アは誤りだが、イはどちらともいえない
- I アもイも誤り

19●推　論（人口密度）

仮の面積を設定して人口を求める

ポイント❶ 人口密度の公式を覚える

公式　**人口密度＝人口／面積**

公式　**人口＝人口密度×面積**

公式　**面積＝人口／人口密度**

解答と解説

正解　A

① S市の面積×2 ＝ T市の面積
② T市の面積 ＝ U市の面積
▶ ①、②より、S市の面積 ＝ 1、T市の面積 ＝ 2、U市の面積 ＝ 2 と置く。

ア　S市の人口 ＝ 人口密度×面積 ＝ 300 × 1 ＝ 300
　　U市の人口 ＝ 人口密度×面積 ＝ 150 × 2 ＝ 300
　　　▶ S市の人口 ＝ U市の人口なので、**アは正しい。**

イ　T市の人口 ＝ 240 × 2 ＝ 480
　　　▶ S市とT市の人口を合わせると、300＋480 ＝ 780
　　S市とT市の面積を合わせると、1＋2 ＝ 3
　　人口密度 ＝ $\frac{780}{3}$ ＝ 260 となり、**イは正しい。**

123

練習問題

1

次の説明を読んで、問いに答えなさい。

次の表は、L、M、Nの3つの市について、人口密度（1km² あたりの人口）を示したものである。L市の面積はN市の面積の2倍であり、M市の面積はL市の3分の1である。

市名	人口密度
L	80
M	200
N	120

次のア、イの推論について、A～Iから正しいものを1つ選べ。

ア M市の人口はN市よりも少ない
イ L市とM市を合わせた地域の人口密度は100より大きい

- A アもイも正しい
- B アは正しいが、イはどちらともいえない
- C アは正しいが、イは誤り
- D アはどちらともいえないが、イは正しい
- E アはどちらともいえないが、イは誤り
- F アもイもどちらともいえない
- G アは誤りだが、イは正しい
- H アは誤りだが、イはどちらともいえない
- I アもイも誤り

19 ● 推 論（人口密度）

解答と解説

1 **正解** G

ヒント それぞれの面積が整数になるように工夫する

① L市の面積 = N市の面積 × 2 より、
　L市の面積を2の倍数になるようにする。
② M市の面積 × 3 = L市の面積 より、
　L市の面積を3の倍数になるようにする。
　▶ ①、②より、L市の面積 = 6、M市の面積 = 2、N市の面積 = 3 と置く。

ア　M市の人口 = 人口密度 × 面積 = 200 × 2 = 400
　　N市の人口 = 人口密度 × 面積 = 120 × 3 = 360
　　▶ M市の人口 > N市の人口となり、**アは誤り**。

イ　L市の人口 = 80 × 6 = 480
　　▶ L市とM市の人口を合わせると、480 + 400 = 880
　L市とM市の面積を合わせると、6 + 2 = 8
　L市とM市を合わせて公式で計算する。
　人口密度 = $\frac{880}{8}$ = 110 となり、**イは正しい**。

20 推論（濃度）

こんな問題が出る！

次の説明を読んで、問いに答えなさい。

次の表は、P、Q、Rの3つの食塩水の濃度を示したものである。
Qの量はPの量の2倍であり、Qの量とRの量は同じである。

	濃　度
P	25%
Q	10%
R	15%

次のア、イの推論について、A～Iから正しいものを1つ選べ。

ア Qの水分を蒸発させて半分の量にすると、濃度は20%になる
イ Pに含まれる食塩の量は、Rの食塩の量より多い

- A アもイも正しい
- B アは正しいが、イはどちらともいえない
- C アは正しいが、イは誤り
- D アはどちらともいえないが、イは正しい
- E アはどちらともいえないが、イは誤り
- F アもイもどちらともいえない
- G アは誤りだが、イは正しい
- H アは誤りだが、イはどちらともいえない
- I アもイも誤り

20 ● 推　論（濃度）

濃度は、食塩の量を%で示したもの

ポイント ❶ 公式　**食塩水の量(g)×濃度(%)＝食塩の量**

ポイント ❷ 食塩の量が整数になるように置く

解答と解説

正解　C

ヒント　水分を蒸発させると、濃度は高くなる

ア　水分を蒸発させて半分の量にすると、濃度は 2 倍になる。

▶濃度 10％の Q は濃度が 20％になるので、**アは正しい**。

イ　問題文より、食塩水の量の比を求める。

① Q の量 = P の量 × 2

② Q の量 = R の量

▶①、②より、

P の量 = 100、Q の量 = 200、R の量 = 200 と置く。

P の食塩の量 = 100 × 0.25 = 25

R の食塩の量 = 200 × 0.15 = 30

▶ P の食塩の量 < R の食塩の量となり、**イは誤り**。

127

練習問題

1

次の説明を読んで、
問いに答えなさい。

次の表は、S、T、Uの3つの食塩水の濃度を示したものである。
Sの量はTの量の半分であり、Uの量はTの量の2倍である。

	濃　　度
S	20%
T	5%
U	10%

次のア、イの推論について、A～Iから正しいものを1つ選べ。

ア Uに水を加えて2倍の量にすると、Uの濃度はSの濃度と等しくなる

イ Sに含まれる食塩の量とTに含まれる食塩の量を合わせても、Uに含まれる食塩の量より少ない

- ○ A アもイも正しい
- ○ B アは正しいが、イはどちらともいえない
- ○ C アは正しいが、イは誤り
- ○ D アはどちらともいえないが、イは正しい
- ○ E アはどちらともいえないが、イは誤り
- ○ F アもイもどちらともいえない
- ○ G アは誤りだが、イは正しい
- ○ H アは誤りだが、イはどちらともいえない
- ○ I アもイも誤り

20 ● 推 論（濃度）

解答と解説

1 **正解** G

ヒント 水を加えると、濃度は低くなる

ア 水を加えて2倍の量にすると、濃度は半分になる。
　　▶濃度10％のUは濃度が5％になる。
　　▶濃度20％のSとは等しくならないので、**アは誤り**。

イ 問題文より、食塩水の量の比を求める。
　①Sの量×2＝Tの量
　②Uの量＝Tの量×2
　　▶①、②より、Sの量×4＝Uの量
　　▶Sの量＝100、Tの量＝200、Uの量＝400と置く。
　③食塩の量を求める。
　　Sの食塩の量＝100×0.20＝20
　　Tの食塩の量＝200×0.05＝10
　　Uの食塩の量＝400×0.10＝40
　④SとTの食塩の量を合わせると、20＋10＝30
　　▶Uの食塩の量より少ないので、**イは正しい**。

推論（増加率）

こんな問題が出る！

次の説明を読んで、各問いに答えなさい。

この問題は2問組みです

ある商品は、今年の4月の販売数に対する8月の販売数の増加率が40%であった。

次のア、イの推論について、A～Iから正しいものを1つ選べ。

ア 4月の販売数は、8月より40%少ない
イ 4月から7月のうち、8月の販売数と同じ月があった

- A アもイも正しい
- B アは正しいが、イはどちらともいえない
- C アは正しいが、イは誤り
- D アはどちらともいえないが、イは正しい
- E アはどちらともいえないが、イは誤り
- F アもイもどちらともいえない
- G アは誤りだが、イは正しい
- H アは誤りだが、イはどちらともいえない
- I アもイも誤り

21 ● 推論（増加率）

わかりやすい数字に置きかえて計算する

ポイント ① 増加率は「前回の何％増か」を表す

> 例 「前月に対する増加率が10％」は、前月の10％増＝前月の110％

ポイント ② 公式 増加率(%) $= \left(\dfrac{今回}{前回} - 1\right) \times 100$

解答と解説

正解 H

ヒント 5～7月の販売数の変化はわからない

この商品の4月の販売数を10000と置く。

8月は4月の40％増なので、10000 × 1.4 ＝ 14000

ア 8月の40％減は、14000 × 0.6 ＝ 8400
　　▶ 10000にはならないので**アは誤り**。

イ ①4月から7月まで毎月の販売数が10000で、
　　　8月の販売数が14000になれば、8月は4月の40％増。
　　②4月の販売数が10000で、たとえば
　　　5月11000 → 6月12000 → 7月13000 → 8月14000
　　　と変化しても、8月は4月の40％増。
　　①、②より、正しいときも誤りのときもあるので、**イはどちらともいえない**。

練習問題

1 ※ こんな問題が出る！ の続き（組問題）

次の説明を読んで、各問いに答えなさい。

この問題は2問組みです

ある商品は、今年の4月の販売数に対する8月の販売数の増加率が40%であった。

次のカ、キの推論について、A～Iから正しいものを1つ選べ。

カ 4月から8月のうち、販売数が最も多いのは8月である

キ この商品の販売数は、5月から8月にかけて、毎月前月に比べて10%ずつ増加した

- A カもキも正しい
- B カは正しいが、キはどちらともいえない
- C カは正しいが、キは誤り
- D カはどちらともいえないが、キは正しい
- E カはどちらともいえないが、キは誤り
- F カ、キともどちらともいえない
- G カは誤りだが、キは正しい
- H カは誤りだが、キはどちらともいえない
- I カもキも誤り

1 2

21 ● 推　論（増加率）

解答と解説

1 正解 E

カ　① 4月が10000で、

5月 11000 → 6月 12000 → 7月 13000 → 8月 14000

と変化した場合、4月から8月のうちで販売数が最も多いのは8月。

② 4月が10000で、

5月 12000 → 6月 14000 → 7月 16000 → 8月 14000

と変化した場合、4月から8月のうちで販売数が最も多いのは7月。

①、②より、正しいときも誤りのときもあるので、**カはどちらともいえない。**

キ　この商品の4月の販売数を10000と置き、毎月前月に比べて10%増加した場合の、各月の販売数を計算する。

5月の販売数 = 10000 × 1.1 = 11000

6月の販売数 = 11000 × 1.1 = 12100

7月の販売数 = 12100 × 1.1 = 13310

8月の販売数 = 13310 × 1.1 = 14641

8月の販売数は、4月の1.4641倍になる。

▶ 8月は、4月の46.41%増。

▶ 設問と矛盾するので、**キは誤り。**

推 論
（順序関係）

こんな問題が出る！

次の説明を読んで、問いに答えなさい。

駅からK、L、M、Nの4人の家までの距離について、次のことがわかっている。

(Ⅰ) Kの家から駅へ向かうと、途中でNの家の前を通る
(Ⅱ) 駅からLの家までの距離は、駅からKの家までの距離と駅からMの家までの距離の合計に等しい

ただし、駅から4人の家までの距離はすべて異なっているものとする。

次のア～ウの推論について、正しいものはどれか。A～Hから1つ選べ。

ア 4人の家のうち、駅から最も近いのはNの家である
イ 4人の家のうち、駅から最も遠いのはLの家である
ウ 駅からKの家までの距離は、駅からMの家までの距離より近い

○ A アだけ
○ B イだけ
○ C ウだけ
○ D アとイ
○ E アとウ
○ F イとウ
○ G アとイとウ
○ H 正しい推論はない

22 ● 推 論（順序関係）

条件を記号化して解く

ポイント ❶ 文章を不等号で表す

- 例1 「AはBより大きい」 → A＞B
- 例2 「CはDより先」 → C＞D

ポイント ❷ 明らかな情報を記号で整理する

- 例3 「E＝F＋G」 → E＞F、E＞G
- 例4 「HはIとJの平均」
  → I＞H＞JまたはJ＞H＞I
  （Hは、IとJの中間値である）

解答と解説

正解 B

ヒント 誤りの可能性があれば、「正しい」といえない

(I)より、Kの家はNの家より駅から遠い。→ K＞N…①

(II)より、L＝K＋M。→ L＞K…②、L＞M…③

①と②より、L＞K＞N…④

③と④より、次の⑤〜⑦のいずれかが考えられる。

L＞M＞K＞N…⑤、L＞K＞M＞N…⑥、L＞K＞N＞M…⑦

ア ⑤、⑥の場合は正しいが、⑦の場合はMの家が最も近い。

イ ⑤〜⑦のいずれの場合もLの家が最も遠い。

ウ ⑤の場合は正しいが、⑥、⑦の場合はK＞M。

よって、正しいのは**イ**だけ。

練 習 問 題

1

次の説明を読んで、
各問いに答えなさい。

この問題は2問組みです

あるテストをP、Q、R、S、T
の5人が受けた。その点数に
ついて、次のことがわかってい
る。

(I) 5人の中で点数が同じ者は
いなかった
(II) QはPよりも高い点数で
あった
(III) Qの点数はPとRの点数
の平均に等しかった
(IV) Qの点数とRの点数の和
は、Pの点数とSの点数の
和に等しい
(V) Tの点数はRとSの点数の
平均に等しい

❶ 条件のうち、(I)～(IV)だけ
を考えたとき、P、Q、R、
Sの4人の点数の大小関
係について、次のア、イ、
ウのうち正しいものはど
れか。A～Hから1つ選
べ。

ア P＜Q
イ R＜Q
ウ R＜S

○ A アだけ
○ B イだけ
○ C ウだけ
○ D アとイ
○ E アとウ
○ F イとウ
○ G アとイとウ
○ H いずれも誤り

1 2

22 ● 推 論（順序関係）

解答と解説

1 **正解** ❶ E

ヒント 条件(Ⅳ)は、具体的な数字にして考える

❶ (Ⅱ)より、P＜Q…①

(Ⅲ)より、P＜Q＜R…② または R＜Q＜P…③

①と②より、P＜Q＜R…④

③は、①と矛盾するので、P、Q、Rの3人の点数の順序関係は、

④P＜Q＜Rの1通りに決まる。

ここで、(Ⅳ)について考える。

(Ⅲ)より、Pの点数＝10点、Rの点数＝30点とすると、Qの点数はPとRの平均なので、20点。

(Ⅳ)より、Q＋R＝P＋Sなので、20＋30＝10＋S

▶Sは40点で、4人中最高点であることがわかる。

よって、4人の点数の順序は、

P＜Q＜R＜S…⑤

に決まる。

⑤P＜Q＜R＜Sより、**ア〜ウ**の正誤を確認する。

ア P＜Q

イ R＜Q

ウ R＜S

よって、**ア**と**ウ**が正しい。

練習問題

1 (続き)

次の説明を読んで、
各問いに答えなさい。

この問題は2問組みです

あるテストをP、Q、R、S、T
の5人が受けた。その点数に
ついて、次のことがわかってい
る。

(I) 5人の中で点数が同じ者は
いなかった

(II) QはPよりも高い点数で
あった

(III) Qの点数はPとRの点数
の平均に等しかった

(IV) Qの点数とRの点数の和
は、Pの点数とSの点数の
和に等しい

(V) Tの点数はRとSの点数の
平均に等しい

❷ 条件のうち、(I)〜(V)すべ
てを考えたとき、5人の
点数の大小関係について、
次のカ、キ、クのうち正
しいものはどれか。A〜
Hから1つ選べ。

カ T<P

キ R<T

ク T<S

○ **A** カだけ

○ **B** キだけ

○ **C** クだけ

○ **D** カとキ

○ **E** カとク

○ **F** キとク

○ **G** カとキとク

○ **H** いずれも誤り

1 2

22●推　論（順序関係）

 解答と解説

1　**正解**　❷ F

❷ (V)より、R＜T＜S…⑥　またはS＜T＜R…⑦

⑥、⑦に、❶の⑤ P＜Q＜R＜Sを合わせる。

⑤と⑥より、P＜Q＜R＜T＜S…⑧

⑦は、⑤と矛盾するので、合わせられない。

よって、5人の順序関係は、⑧P＜Q＜R＜T＜Sに決まる。

⑧P＜Q＜R＜T＜Sより、**カ〜ク**の正誤を確認する。

カ　T＜P
キ　R＜T
ク　T＜S

よって、**キとク**が正しい。

139

頻出度 ★★★
23 推　論（位置関係）

こんな問題が出る！

図のような部屋がある。この4部屋のいずれかに、P、Q、R、Sの4人が1人ずつ入った。Pの入った部屋がRを含む2人の部屋と接しているとき、ア～ウの推論について、必ずしも誤りとはいえないものはどれか。A～Hから1つ選べ。

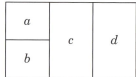

ア　Rは a の部屋に入った
イ　Rは c の部屋に入った
ウ　Rは d の部屋に入った

A　アのみ
B　イのみ
C　ウのみ
D　アとイ
E　アとウ
F　イとウ
G　アとイとウ
H　いずれも誤り

23 ● 推 論（位置関係）

図を書いて場合分けをする

 条件を読んで、すべての場合を書き出す

解答と解説

正解 D

ヒント 「必ずしも誤りとはいえない」→可能性があれば正解

Pの入った部屋がRを含む2人の部屋と接している。

▶ Pはaかbに入ったことがわかる。

▶ Pがaに入った場合とbに入った場合に分けて考える。

① Pがaに入った場合

▶ Rはaと接するbかcに入った。

② Pがbに入った場合

▶ Rはbと接するaかcに入った。

①、②より、Rはaかbかcに入った可能性がある。

ア　Rはaの部屋に入った
イ　Rはcの部屋に入った
ウ　Rはdの部屋に入った

よって、可能性があるのは**アとイ**。

練 習 問 題

1 下の図のような 9 つのブロックに分かれた部屋がある。このうちどれかのブロックに T が入るが、T が入る前にはすでに 3 人がこのブロックに入っていたという。ただし、1 つのブロックに複数の者が入ることはない。

①	④	⑦
②	⑤	⑧
③	⑥	⑨

T が①に入ったときは 1 人、②に入ったときは 2 人、④に入ったときは 2 人のブロックと接していた。

このとき、以下のア〜ウの推論のうち、必ずしも誤りとはいえないものはどれか。A 〜 H から 1 つ選べ。

ア　T 以外の 3 人は、③、④、⑦のブロックに入っていた

イ　T 以外の 3 人は、③、⑤、⑨のブロックに入っていた

ウ　T 以外の 3 人は、⑤、⑥、⑧のブロックに入っていた

なお、「接していた」というのは、T が入ったブロックの前後左右斜めのいずれの位置関係でもよい。

A　アだけ　　　　　B　イだけ

C　ウだけ　　　　　D　アとイ

E　アとウ　　　　　F　イとウ

G　アとイとウ　　　H　いずれも誤り

23 ● 推 論（位置関係）

1 正解 C

ヒント 同じブロックに複数の者が入ることはないので、Tが入ったブロックには誰も入っていない

▶ Tが入った①、②、④には誰も入っていない。

ア～ウそれぞれについて確認する。

ア T以外が④に入ることはない。

イ T以外の3人が③、⑤、⑨に入っている場合。
　Tが①に入ったとき、⑤の1人と接する。
　Tが②に入ったとき、③と⑤の2人と接する。
　Tが④に入ったとき、⑤の1人と接する。

ウ T以外の3人が⑤、⑥、⑧に入っている場合。
　Tが①に入ったとき、⑤の1人と接する。
　Tが②に入ったとき、⑤と⑥の2人と接する。
　Tが④に入ったとき、⑤と⑧の2人と接する。

①	④	⑦
②	⑤	⑧
③	⑥	⑨

よって、**ウだけ**が正しい。

24 推論（数量）

こんな問題が出る！

次の説明を読んで、問いに答えなさい。

ある駐車場に、トラック、普通自動車、軽自動車の3種類の車が合計8台停まっている。これらの車の種類について、次のことがわかっている。

(I) 3種類の車の台数はすべて異なる
(II) トラックの台数は、軽自動車の台数より少ない

次のア〜ウの推論について、必ず正しいといえるものはどれか。A〜Hから1つ選べ。

ア 軽自動車が3台のとき、普通自動車は4台である
イ 普通自動車が1台のとき、トラックは3台である
ウ 普通自動車の台数がトラックよりも多いとき、軽自動車は5台である

○ A アだけ
○ B イだけ
○ C ウだけ
○ D アとイ
○ E アとウ
○ F イとウ
○ G アとイとウ
○ H いずれも誤り

144

24 ● 推 論（数量）

ありうる組み合わせをすべて書き出す

ポイント ❶ 最大や最小の数に注目して場合分けをする

解答と解説

正 解 A

ヒント 条件(I)から、台数の組み合わせを考える

(I) 3種類の車は台数が異なるので、合計8台になる組み合わせは、①（1台、2台、5台）、②（1台、3台、4台）の2通りだけ。

(II)より、トラックの台数＜軽自動車の台数。
　▶普通自動車の台数との関係はわからない。

ア　軽自動車が3台の場合は、②だけが当てはまる。
　　　▶トラック＜軽自動車より、トラックは1台。
　　　▶○普通自動車は4台に決まる。

イ　普通自動車が1台の場合、①、②ともありうる。
　　　▶トラック＜軽自動車より、①トラック2台、軽自動車5台。もしくは、②トラック3台、軽自動車4台。
　　　▶×トラックは2台または3台となる。

ウ　普通自動車＞トラックより、トラックが最も少ない。
　　　▶①、②のどちらでも、トラックは1台。
　　　▶これ以上はわからず、×軽自動車が5台とは決まらない。

よって、**ア**だけが正しい。

練習問題

1

次の説明を読んで、
問いに答えなさい。

箱の中に、赤球、青球、黄球の
3種類の球が合計9個入って
いる。入っている球について、
次のことがわかっている。

(Ⅰ) 赤球の個数は青球より多い
(Ⅱ) 青球と黄球の個数は異なる

次のア～ウの推論について、
必ず正しいといえるものはど
れか。A～Hから1つ選べ。

ア 赤球が6個だとすると、
　 黄球は2個である
イ 青球が黄球より2個多い
　 とすると、赤球は5個で
　 ある
ウ 黄球の数と赤球の数が同
　 じだとすると、青球は1
　 個である

○ A アだけ
○ B イだけ
○ C ウだけ
○ D アとイ
○ E アとウ
○ F イとウ
○ G アとイとウ
○ H いずれも誤り

24●推　論（数量）

解答と解説

1 **正解** F

球は合計9個なので、個数を場合分けすると次の7通り。

（1、1、7）、（1、2、6）、（1、3、5）、（1、4、4）、

（2、2、5）、（2、3、4）、（3、3、3）

(Ⅰ)より、赤球は2個以上。

▶ （1、1、7）の場合、赤は7個に決まる。

▶青、黄の個数が等しいので、(Ⅱ)を満たさない。

同様に、（2、2、5）、（3、3、3）も(Ⅱ)を満たさない。

よって、個数の組み合わせとしてありうるのは次の4通り。

① （1、2、6）、② （1、3、5）、③ （1、4、4）、④ （2、3、4）

ア　赤＝6個になるのは①だけ。

青と黄の個数は次の2通り。

（青＝1、黄＝2）または（青＝2、黄＝1）

よって、黄球は1個または2個。

イ　青＞黄より、黄＜青＜赤の順になる。

①～④の数字に、黄＜青＜赤を当てはめる。

▶青が黄より2個多いのは、②（黄＝1、青＝3、赤＝5）

のときだけ。

よって、赤球は5個。

ウ　黄と赤が同じ個数になるのは、

③（青＝1、赤＝4、黄＝4）のときだけ。

よって、青球は1個。

よって、正しいのは、**イとウ**。

147

25 資料の読み取り

こんな問題が出る!

下の表は、X社の生産工場P~Uの生産数と全体に対する生産数の割合を工場別に示したものである。一部の空欄については、数値が読み取れなくなっている。この表からわかることについて、次の問いに答えよ。

工場名	P	Q	R	S	T	U	合計
生産数（個）		624	②	①	168		
全体に対する生産数の割合	37%			13%	7%	3%	100%

❶ 表内①に入る数値はいくらか。

A 282　　B 288　　C 300　　D 308
E 312　　F 316　　G 320　　H 322
I A~Hのいずれでもない

❷ 表内②に入る数値はいくらか。

A 326　　B 330　　C 336　　D 342
E 346　　F 352　　G 360　　H 366
I A~Hのいずれでもない

25 ● 資料の読み取り

1%あたりの個数や量を求める

ポイント ❶ ％の計算に慣れる

％を小数や分数で表す

例　$1\% = 0.01 = \dfrac{1}{100}$

AのB％を求める

例　60の40％は、$60 \times 0.4 = 24$

ポイント ❷ 情報の多い列から考える

解答と解説

正解　❶ E　❷ C

ヒント　工場Tのデータから、1％が何個になるか計算する

全体の7％ = 168個より、全体の1％ = 168 ÷ 7 = 24個

❶ 工場Sの生産数は全体の13％

▶ 1％（24個）の13倍 = 24 × 13 = **312個**

❷ 1％は24個だから、Qの割合は、624 ÷ 24 = 26％

P、Q、S、T、Uの割合の合計を求める。

▶ 37 + 26 + 13 + 7 + 3 = 86％

つまり、Rの割合は、100 − 86 = 14％

▶ Rの生産数 = 24 × 14 = **336個**

1 以下の表は、ある年における主要な都市の4月、8月、12月それぞれの月間降水量と年間降水量について示したものである。

	仙台	東京	名古屋	大阪	福岡
4月	34.0	81.0	57.0	47.0	36.0
8月	182.0	189.5	84.5	79.0	73.5
12月	66.5	3.5	33.0	31.0	58.5
年間降水量	1028.5	1482.0	900.5	909.0	1020.0

この表について、次の問いに答えよ。なお、表内の数値の単位は mm である。

❶ 福岡の12月の降水量は、福岡の年間降水量の約何%か（必要なら、最後に小数点以下第2位を四捨五入せよ）。

A 5.7%   B 6.5%   C 7.7%
D 9.1%   E 10.7%   F 12.0%

❷ 8月において、東京の降水量に対する大阪の降水量の割合は、約何%か（必要なら、最後に小数点以下第2位を四捨五入せよ）。

A 36.4%   B 38.2%   C 41.7%
D 44.1%   E 47.0%   F 50.3%

25 ●資料の読み取り

解答と解説

1 **正解** ❶ A ❷ C

ヒント　「LのMに対する割合」＝ $\dfrac{L}{M}$

❶ 福岡の年間降水量は、1020.0mm。

福岡の12月の降水量は58.5mm。

▶ $58.5 \div 1020.0 = 0.0573\cdots$

％に直すと、5.73…％。

小数点以下第2位を四捨五入して、**5.7％**

❷ 「LのMに対する割合」は、

「対する」の直前にあるものが分母になる、と覚える。

「東京の降水量に対する大阪の降水量の割合」は、$\dfrac{大阪}{東京}$

▶ $\dfrac{大阪の8月の降水量}{東京の8月の降水量} = \dfrac{79.0}{189.5} = 0.4168\cdots$

％に直すと、41.68…％。

小数点以下第2位を四捨五入して、**41.7％**

[1] 以下の表は、ある年における主要な都市の4月、8月、
(続き) 12月それぞれの月間降水量と年間降水量について示したものである。

	仙台	東京	名古屋	大阪	福岡
4月	34.0	81.0	57.0	47.0	36.0
8月	182.0	189.5	84.5	79.0	73.5
12月	66.5	3.5	33.0	31.0	58.5
年間降水量	1028.5	1482.0	900.5	909.0	1020.0

この表について、次の問いに答えよ。なお、表内の数値の単位はmmである。

❸ 大阪において、4月の降水量に対する8月の降水量の増加率は、約何%になるか（必要なら、最後に小数点以下第2位を四捨五入せよ）。

A 64.2%　　B 68.1%　　C 71.0%
D 73.8%　　E 76.9%　　F 80.1%

❹ 仙台を①、東京を②、名古屋を③として、3都市の4月の降水量が年間降水量に占める割合をグラフで示したとき、正しいものはどれか（必要なら、最後に小数点以下第2位を四捨五入せよ）。

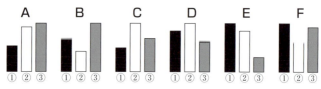

25 ● 資料の読み取り

1 正解 ❸ B ❹ A

❸ 「4月の降水量に対する8月の降水量の増加率」＝ $\dfrac{8月}{4月} - 1$

大阪の場合を計算する。
▶ $\dfrac{大阪の8月}{大阪の4月} - 1 = \dfrac{79.0}{47.0} - 1 = 1.6808\cdots - 1 = 0.6808\cdots$

増加率は68.08…％。小数点以下第2位を四捨五入して**68.1％**。

❹ 「4月の降水量が年間降水量に占める割合」は、年間降水量の何％が4月の降水量か、と考える。

①仙台の年間降水量は、1028.5。
 ▶仙台の4月の降水量は34.0。
 ▶ 34.0 ÷ 1028.5 ＝ 0.0330…

これを％に直し、小数点以下第2位を四捨五入して3.3％。

②東京の年間降水量は、1482.0。
 ▶東京の4月の降水量は81.0。
 ▶ 81.0 ÷ 1482.0 ＝ 0.0546…

これを％に直し、小数点以下第2位を四捨五入して5.5％。

③名古屋の年間降水量は、900.5。
 ▶名古屋の4月の降水量は57.0。
 ▶ 57.0 ÷ 900.5 ＝ 0.063298…

これを％に直し、小数点以下第2位を四捨五入して6.3％。
以上より、棒グラフの長さは、短いものから順に
①仙台＜②東京＜③名古屋になる。

推　理

こんな問題が出る！

P、Q、R、S、T、Uの6人が同じ方向を向いて一列に並んでいる。それぞれの位置関係について、次のことがわかっている。

- ア　PとSの間には3人いる
- イ　RはTの隣ではない
- ウ　Tの右2人目はPである
- エ　Uは左から2番目にいる

次の推論A〜Fのうち、正しいものを1つ選べ。
- A　Pの右隣はUである
- B　Qの右隣はSである
- C　Rは右から3番目にいる
- D　Sは左から5番目にいる
- E　Tの右隣はQである
- F　A〜Eのいずれも正しくない。

26 ● 推 理

条件を図や表にまとめる

ポイント❶ 条件から、考えられるパターンを書き出す
あわてず、与えられた文章を図や表にして
みる

ポイント❷ 条件どうしを合わせて、矛盾するものを排
除する

解答と解説

正解 E

まず、条件別に図を描く。

　条件**ア**より、① |P| | |S| または ② |S| | |P|
　条件**ウ**より、③ |T|P|
　条件**エ**より、④ | |U| | | |

次に、条件どうしを合わせる。

①と③を合わせる。

　▶全部で6人なので、7人の並びは不可能。

そこで、②、③、④を合わせる。

　|S|U|T| |P| |

条件**イ**「RはTの隣ではない」より、Rは右端。

　▶残った右から3番目にQが入る。

　|S|U|T|Q|P|R|

上の図より、正しいのは **E**（**Tの右隣はQである**）。

155

練習問題

1. X、Y、Z の 3 人で、ピアノ、トランペット、バイオリン、チェロ、フルート、ギターの 6 つの楽器のうち、2 つずつ演奏する。これについて、次のことがわかっている。
   ア Xはピアノを演奏する
   イ フルートを演奏する者は、バイオリンを演奏しない
   ウ チェロを演奏する者は、トランペットも演奏する
   エ Zはバイオリンを演奏する
   このとき、確実にいえるものを A ～ E から 1 つ選べ。
   A Xは、ピアノとギターを演奏する
   B Xは、ピアノとフルートを演奏する
   C Yは、トランペットとギターを演奏する
   D Yは、チェロとギターを演奏する
   E Zは、バイオリンとフルートを演奏する

2. 図のような円卓に P、Q、R、S、T、U の 6 人が座っている。6 人の座席の位置関係について、次のことがわかっている。
   ア Pの 1 つおいた左隣には T が座っている
   イ RとSは向かい合わせに座っている
   ウ Tの左隣にはUが座っている
   このとき、Qの右隣に座っていると考えられるのは誰か。
   A Pだけ   B Rだけ   C Sだけ
   D PかR   E PかT   F RかS

26●推 理

解答と解説

1 正解 B

ヒント 2つの楽器の組み合わせがわかる条件ウに該当する者を探す

1人が演奏できるのは2つだけ。

▶アより、ピアノを演奏するXは、ウに該当しない。

▶エより、バイオリンを演奏するZは、ウに該当しない。

▶残ったYがチェロとトランペットを演奏する。

イとエより、バイオリンを演奏するZはフルートを演奏しない。

▶フルートを演奏するのはX。

▶**Xは、ピアノとフルートを演奏する。**

▶Zは、バイオリンとギターを演奏する。

2 正解 F

ヒント 「左隣」は座っている人から見て左ということ

アとウを合わせると、下の図1になる。

向かい合わせになる席は図1の斜線部だけ。

▶RとSは図1の斜線部に座る。

空いているPの右隣には残ったQが座る（図2）。

▶Qの右隣は**RかS**。

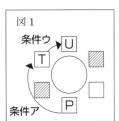

練習問題

[3] 5階建てのマンションにP、Q、R、S、T、Uの6人が住んでいる。これについて、次のことがわかっている。

ア Pの2つ上の階に住んでいるのはTだけである
イ QとUは同じ階に住んでいる
ウ Sだけが3階に住んでおり、Sよりも上の階に住んでいるのは3人である

このとき、Rは何階に住んでいるか。A〜Gから1つ選べ。

A 1階　　B 2階　　C 4階　　D 5階
E 1階か2階　F 1階か5階　G 4階か5階

[4] L、M、N、O、P、Q、Rの7人が、図のようなアパートに住んでいる。これについて、次のことがわかっている。

2階 □□□□
1階 □□□□

ア MとQが住んでいるのは同じ階ではない
イ Nの真上の部屋にOが住んでいる
ウ 1階には空き部屋があり、その真上の部屋にRが住んでいる
エ Pの隣は空き部屋である

このとき、必ず正しいといえるものをA〜Fから1つ選べ。

A Lは2階に住んでいる
B Oの隣にはMが住んでいる
C Qの隣にはRが住んでいる
D Nの隣は空き部屋である
E Pの真下は空き部屋である
F Qは1階に住んでいる

26●推　理

解答と解説

3　正解　E

ウより、右のような図を作る。

4階と5階に
3人

3階

| | | S | | |

アより、PとTは（1階、3階）、
（2階、4階）、（3階、5階）のいずれかになる。

▶3階にはSだけだから、PとTは（2階、4階）に決まる。
4階と5階に3人住んでいる。

▶4階に住んでいるのはTだけなので5階に2人。

2階 3階 4階

| P | S | T | | |

イより、QとUが5階に住んでいる。

▶**Rは1階か2階のどちらかに住んでいる**（これ以上は決まらない）。

2階 3階 4階 5階 5階

| R | P | S | T | Q | U |

4　正解　A

ヒント まず、1階と2階の内訳を考える

まず、7人の部屋と空き部屋を1階と2階に振り分ける。

アより、MとQは（1階、2階）か（2階、1階）になる。

イより、Nは1階、Oは2階に決まる。

ウと**エ**より、空き部屋とPは1階、Rは2階である。

▶この時点で、1階は（MかQ）、N、P、空き部屋。

▶2階は、（MかQ）、O、R。

▶残っている**Lは2階に住んでいる**。

159

頻出度 ★★★★

27 物の流れと比率

こんな問題が出る！

下の図は、ある百貨店における人の流れを図示したものである。W、X、Y、Zは各売り場を示し、p、q、rはそれぞれの売り場からほかの売り場へ行く人の割合を示している。たとえば、WからXへ行く人数はX＝pWと表すことができる。

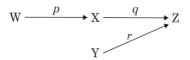

この図において、Zへ行く人数の合計の式として正しいものは次のうちどれか。A〜Jから1つ選べ。

ア　Z＝pW＋qX＋rY　　イ　Z＝qX
ウ　Z＝pqW＋rY　　　　　エ　Z＝qX＋rY

A　アのみ
B　ウのみ
C　アとエ
D　イとエ
E　ウとエ
F　アとイとエ
G　アとウとエ
H　イとウとエ
I　アとイとウとエ
J　A〜Iのいずれでもない

27●物の流れと比率

最終地点へ至る全ルートを式にする

ポイント❶ 物の流れと比率は、％に置き換えて理解する

① 1つの売り場から次の売り場へ（かけ算型）

X $\xrightarrow{p}$ Y 「Yに行ったのは、Xのp％」
⇒ Y = X × p = pX

② 2つの売り場から次の売り場へ（足し算型）

X $\xrightarrow{p}$ Z 「Zに行ったのは、Xのp％とYのq％
Y $\xrightarrow{q}$ の合計」
⇒ Z = X × p + Y × q = pX + qY

③ 1つの売り場→2つ目の売り場→3つ目の売り場へ（代入法）

X $\xrightarrow{p}$ Y $\xrightarrow{q}$ Z （　）でZ=qY　Y=pX を Z=qY に代入
Y=pX　Z=qY　（　）でY=pX　→Z=q×(pX)=pqX

解答と解説

正解 E

Zに至るルートは「W→X→Z」と「Y→Z」の2つ。
▶式は2種類考えられる。

W $\xrightarrow{p}$ X $\xrightarrow{q}$ Z　　W $\xrightarrow{p}$ X $\xrightarrow{q}$ Z
Y $\xrightarrow{r}$ 　　　　　　　　Y $\xrightarrow{r}$
Z = qX + rY …エ　　Z = pqW + rY …ウ

よって、**ウ**と**エ**が正しい。

161

1 下の図は、ある催し物会場における人の流れを図示したものである。W、X、Y、Zは参加ブースを示しており、p、q、r、sは、あるブースからほかのブースへ行く人の比率を示している。たとえば、Yへ行く人の数はY $= p$W と表すことができる。

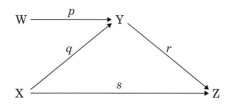

この図において、Zを正しく表しているのは、次のどれか。

ア　Z $= (pr+qr+s)$W 　　イ　Z $= pr$W$+(qr+s)$X
ウ　Z $= pr$W$+s$X 　　　エ　Z $= r$Y$+s$X

A　イのみ
B　ウのみ
C　アとイ
D　アとエ
E　イとウ
F　イとエ
G　アとイとエ
H　アとウとエ
I　イとウとエ
J　A〜Iのいずれでもない

27 ● 物の流れと比率

解答と解説

1 **正解** F

ヒント YにはWとXから人が流れる

Zへ向かうルートは次の①と②の2通り考えられる。

①
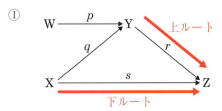

上ルートは「Y → Z」、下ルートは「X → Z」
「上ルート」+「下ルート」より、Z = rY + sX…**エ**

②
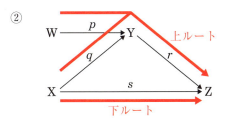

YにはWとXから人が流れる。
▶ Y = pW + qX
▶ ①の式「Z = rY + sX」のYに、上の式「Y = pW + qX」を代入。
▶ Z = r (pW + qX) + sX
　 = prW + (qr + s) X…**イ**

①、②より、**イとエ**が正しい。

[2] 図は、あるデパートの売り場における人の流れを図示したものである。p、q、r、sは、売り場Wから売り場X、Y、Zへ行く人の比率を示している。

たとえば、売り場Xへ行く人の数はX = pWと表すことができる。

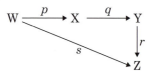

❶ Zへ行く人の数を正しく表しているのは、次のどれか。

ア　Z = rY + sW　　　イ　Z = qrX + sW
ウ　Z = $pqrs$W　　　　エ　Z = (pqr + s) W

A　アのみ　　　　B　ウのみ　　　　C　イとエ
D　ウとエ　　　　E　アとイとエ　　F　アとウとエ
G　イとウとエ　　H　A～Gのいずれでもない

❷ p = 0.5、q = 0.8、r = 0.4、s = 0.2とすると、Zへ行く人の数は、Wの何%にあたるか。

A　3.2%　　　B　7.5%　　　C　18.0%
D　20.4%　　E　25.0%　　F　31.8%
G　36.0%　　H　A～Gのいずれでもない

27 物の流れと比率

2 正解 ❶ E   ❷ G

❶

ヒント Zへ向かうルートをすべて書き出す

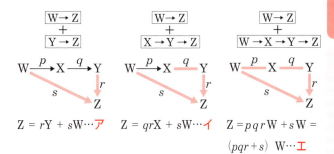

$Z = rY + sW$ …ア　　$Z = qrX + sW$ …イ　　$Z = pqrW + sW = (pqr+s)W$ …エ

よって、**ア**と**イ**と**エ**が正しい。

❷

ヒント WからZにつながるルートをすべてチェックする

▶「Z = W × □%」という形の式で表す。

▶全ルートのうち、「Z = W × □%」の形は❶の**エ**の式。

▶**エ**の式に数値を代入。

$Z = (pqr + s)W$

$= (0.5 × 0.8 × 0.4 + 0.2) × W$

$= (0.16 + 0.2) × W$

$= 0.36 × W$

▶ $Z = W × 0.36$ より、ZはWの **36.0%** になる。

ブラックボックス

こんな問題が出る！

次のような処理を行なう装置P、Qがある。
　（装置Pに2つの数値を入力する）

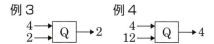

　（装置Qに2つの数値を入力する）

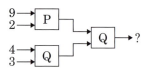

この2つの装置を組み合わせて、下の図のような装置を作り、数値を入力した。

このとき、最後に出力される数値はいくらか。

A　2　　B　3　　C　6　　D　9　　E　10
F　12　　G　18　　H　A～Gのいずれでもない

28 ●ブラックボックス

ボックスの種類を直接図に書き込む

ポイント❶ ボックスの種類を覚える

- 四則計算型（＋、－、×、÷の計算をして出力する）
- 大小比較型（大きいほう、または、小さいほうを出力する）
- 入れ替え型（＋と－を入れ替える）
- 代入型（与えられた式で計算する）

ポイント❷ 何度か同じ装置を使うことがある

解答と解説

正解 B

 ボックスの計算例は2つとも見る

例1、2より、装置Pはかけ算の処理をすることがわかる。
Qは、例3だけをみると、
引き算やわり算にもみえるが、例4に当てはまらない。

▶「小さいほうを出力する」と考えると矛盾がない。

処理の内容と出力された数字を図に書き込む。

```
9 →  ×            
2 →  P  18   小   3
            → Q →
4 →  Q   3        ?
3 →  小
```

最後に出力されるのは 3。

① 次のような処理を行なう装置P、Qがある。

①Pは入力された数値の符号を逆にして出力する。
②Qは入力された数値から1を引いて出力する。
③Qは2つの数値を入力されると、その2つの数の積を出力する。

この装置P、Qを使って、下のような装置を作った。

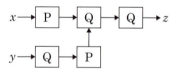

このとき、この装置を使ったときの x、y、z の数字の組み合わせとして、正しいものはどれか。

	x	y	z
ア	2	−1	−5
イ	−2	2	4
ウ	3	3	5

A アのみ　B イのみ　C ウのみ　D アとイ
E アとウ　F イとウ　G すべて
H すべて正しくない

28 ●ブラックボックス

解答と解説

1 正解 E

ヒント 単純な計算なので、ミスに気をつける

ア $x=2$、$y=-1$ を当てはめてみる。
▶ $z=-5$ となるので、正しい。

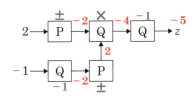

イ $x=-2$、$y=2$ を当てはめてみる。
▶ $z=-3$ となるので、誤り。

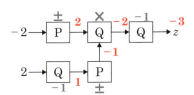

ウ $x=3$、$y=3$ を当てはめてみる。
▶ $z=5$ となるので、正しい。

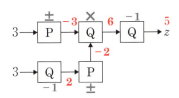

よって、アとウが正しい。

グラフの領域

こんな問題が出る！

下の図は、以下のア、イの2つの式をグラフで示し、グラフによって分けられた領域を①〜④として表したものである。

ア：$y = -\dfrac{3}{2}x + 3$
イ：$y = 1$

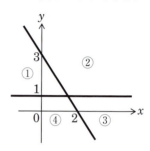

以下の2つの不等式の示す領域として正しいものをすべて挙げているのはどれか。

ア：$y > -\dfrac{3}{2}x + 3$
イ：$y < 1$

A ①だけ　　B ②だけ　　C ③だけ
D ④だけ　　E ①と②　　F ②と③
G ③と④　　H A〜Gのいずれでもない

170

29 グラフの領域

不等号はグラフの上下・左右を示す

ポイント❶ 式とグラフを結びつける

① $y = ax + b$（斜めの直線） ② $y = c$ ③ $x = d$

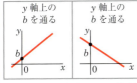 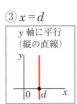

（$a > 0$ の場合）（$a < 0$ の場合）

ポイント❷ 左辺の文字と不等号の向きをみる

A：$y >$ 式 → グラフより上　C：$x >$ 式 → グラフより右
B：$y <$ 式 → グラフより下　D：$x <$ 式 → グラフより左

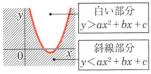 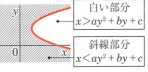

白い部分 $y > ax^2 + bx + c$
斜線部分 $y < ax^2 + bx + c$

白い部分 $x > ay^2 + by + c$
斜線部分 $x < ay^2 + by + c$

解答と解説

正解 C

アは斜めの直線、イは横の直線。
$y >$ 式 → アのグラフより上（②と③）
$y <$ 式 → イのグラフより下（③と④）
よって、どちらも満たすのは③だけ。

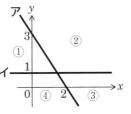

171

1 下の図は、以下のア〜ウの3つの式をグラフで示し、グラフによって分けられた領域を①〜⑧として表したものである。このとき、以下の問いに答えよ。

ア：$y = \dfrac{1}{2}x^2 - 3x + 4$
イ：$y = x - 2$
ウ：$y = 4$

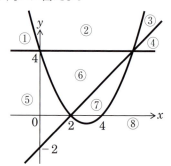

以下の3つの不等式の示す領域として正しいものをすべて挙げているのはどれか。

ア：$y > \dfrac{1}{2}x^2 - 3x + 4$
イ：$y > x - 2$
ウ：$y < 4$

A ③だけ　　B ⑤だけ　　C ⑥だけ
D ①と③　　E ②と⑥　　F ④と⑧
G ⑥と⑦　　H A〜Gのいずれでもない

29 グラフの領域

ポイント❸ 2乗の式とグラフの形を整理する

① $y = ax^2 + bx + c$（放物線） ② $x = ay^2 + by + c$（放物線）

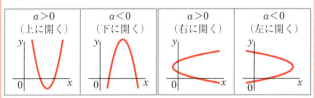

$a>0$ （上に開く）	$a<0$ （下に開く）	$a>0$ （右に開く）	$a<0$ （左に開く）

2乗の式では、左辺によって、グラフの向きが変わる。

①左辺が y のとき：縦向きのグラフになる。

②左辺が x のとき：横向きのグラフになる。

※不等号の考え方は、直線のときと同じ。

解答と解説

1 正解 C

式アは **2乗が含まれ、左辺が y** なので、**縦向きの放物線**。

$y >$ 式 の形なので、放物線のグラフより上側（②⑥⑦）。

式イは **x と y があり、2乗がないので斜めの直線**。

$y >$ 式 の形なので、斜めの直線のグラフより上側（①②③⑤⑥）。

式ウは **x がないので、横の直線**。

$y <$ 式 の形なので、横の直線のグラフより下側（⑤⑥⑦⑧）。

すべてを満たすのは、**⑥だけ**。

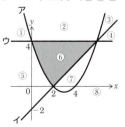

2 下の図の斜線部を示す式を考えるとき、ア〜ウに入る不等号の組み合わせとして、正しいものはどれか。

①：x（**ア**）$y^2 - y - 2$
②：y（**イ**）$-2x + 2$
③：x（**ウ**）0

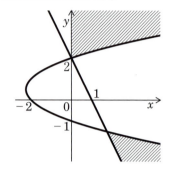

A　ア：>　イ：>　ウ：>
B　ア：>　イ：>　ウ：<
C　ア：>　イ：<　ウ：>
D　ア：>　イ：<　ウ：<
E　ア：<　イ：>　ウ：>
F　ア：<　イ：>　ウ：<
G　ア：<　イ：<　ウ：>
H　ア：<　イ：<　ウ：<

29 ● グラフの領域

解答と解説

[2] **正解** E

ヒント 「$x = 0$」のグラフは、y 軸と重なる

①の式には **2 乗があり、左辺が x なので、横向きの放物線**。
斜線部は、放物線の左側に含まれる → **(ア)** には「<」
が入る。

 曲線より**左**

②の式は **x と y があり、2 乗がないので斜めの直線**。
斜線部は、斜めの直線の上側に含まれる → **(イ)** には「>」
が入る。

 斜めの直線より**上**

③の式は **y がないので縦の直線**（ちょうど y 軸と重なる）。
斜線部は、斜めの直線の上側に含まれる → **(ウ)** には「>」
が入る。

 y 軸より**右**

よって、**ア**は「<」、**イ**は「>」、**ウ**は「>」となる。

30 条件と領域

頻出度 ★★★★★

こんな問題が出る！

以下は、ある学生の1週間の自宅学習の条件をまとめたものである。この学生は、これらの条件をすべて満たすように学習することにしている。なお、学習科目は、英語、数学、国語の3科目のみとし、学習時間は1時間単位で行なうことにしている。

条件①　1週間の学習時間は25時間ちょうどとする。
条件②　英語は5時間以上学習する。
条件③　数学は5時間以上学習する。
条件④　数学は15時間以内で学習する。

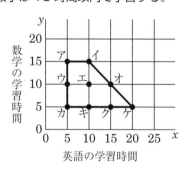

直線イケが示す条件はどれか。

A ①　　B ②　　C ③　　D ④

30 ● 条件と領域

条件を満たす境界線を探す

ポイント❶ グラフの外枠は、条件を満たす境界線を示す

※グラフに囲まれた点は、どれもすべての条件を満たしている

ポイント❷ 座標を有効に活用して解く

[解法手順] ①グラフの外枠の直線を確認する
②外枠の直線ごとに、直線上の2点の座標を読み取る
③座標をヒントに、直線と条件を結びつける

解答と解説

正解 A

ヒント 座標の「共通点」や「数値の合計」をみる

グラフの外枠(境界線)は全部で4本。座標(英語、数学)から、どの条件を示しているかを読み取る。

(1)直線アイ：ア(5, 15)、イ(10, 15)

▶ア、イとも数学が15時間→条件④の境界線を表す。

(2)直線アカ：ア(5, 15)、カ(5, 5)

▶ア、カとも英語が5時間→条件②の境界線を表す。

(3)直線カケ：カ(5, 5)、ケ(20, 5)

▶カ、ケとも数学が5時間→条件③の境界線を表す。

(4)直線イケ：イ(10, 15)、ケ(20, 5)

▶イ、ケとも座標の合計が25時間→**条件①**の境界線を表す。

練習問題

1. 工場Xでは部品P、部品Qを製造している。1日の製造個数についての条件は、以下のとおりであり、それをグラフにまとめたものが、右の図である。

   これについて、❶～❷の問いに答えよ。

   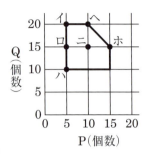

   条件①　部品Pの製造個数は5個以上、15個以下。
   条件②　部品Qの製造個数は10個以上、20個以下。
   条件③　1日の合計製造数は、P、Qを合わせて30個以下とする。

❶ 直線ホヘが示す条件はどれか。

　A　条件①　　B　条件②　　C　条件③

❷ イ～ヘで、2つの部品の製造個数の合計がニよりも少ない場合を示す点はどれか。

　A　ハだけ　　　　B　ホだけ　　C　イとヘ
　D　ロとハ　　　　E　ホとヘ　　F　イとロとハ
　G　イとホとヘ　　H　イとロとホとヘ
　I　A～Hのいずれでもない

30●条件と領域

解答と解説

1 **正解** ❶C ❷D

グラフ内の点が少ないときは、
あらかじめすべての点の座標を読み取っておくと、
複数の設問にもすばやく対応できる。
（Pの個数、Qの個数）として、イ〜ヘの座標を読む。
イ（5、20）、ロ（5、15）、ハ（5、10）、
ニ（10、15）、ホ（15、15）、ヘ（10、20）

❶ ホとへの座標は、ホ＝（15、15）、ヘ＝（10、20）
　　▶ホとへは、P、Qとも異なる個数。
　　▶PとQの合計をみると、ホは 15 ＋ 15 ＝ 30、ヘは
　　　10 ＋ 20 ＝ 30
　　▶「PとQの合計が 30」に関する条件は、条件③。

ヒント 原点（0、0）に近いほど、座標の合計値は小
　　　　さくなる

❷ ニよりも（0、0）に近い点に着目する。
　　▶イ、ロ、ハについてくわしくみる。
ニは（10、15）なので、PとQの合計製造数は 25 個。
　　▶イ（5、20）は合計 25 個、ロ（5、15）は合計 20 個、
　　　ハ（5、10）は合計 15 個。
合計製造数がニより少ないのは、ロとハのみ。

練習問題

1 工場Ｘでは部品Ｐ、部品Ｑを
(続き) 製造している。1日の製造個
数についての条件は、以下の
とおりであり、それをグラフ
にまとめたものが、右の図で
ある。
これについて、❸〜❹の問い
に答えよ。

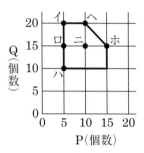

条件①　部品Ｐの製造個数は5個以上、15個以下。
条件②　部品Ｑの製造個数は10個以上、20個以下。
条件③　1日の合計製造数は、Ｐ、Ｑを合わせて30個
　　　　以下とする。

❸ 部品Ｐが1つ3g、部品Ｑが1つ2gとすると、製造し
た部品の重量の合計が最も大きくなる点はどれか。

A　ロだけ　　　B　ホだけ　　　C　ヘだけ
D　イとヘ　　　E　ヘとホ　　　F　イとホとヘ
G　ニとホとヘ　　H　A〜Ｇのいずれでもない

❹ ある日、工場Ｘの機械が一部故障したために、1日の合
計生産数が20個までとなった。この場合、グラフはど
のような形になるか。

180

30 ● 条件と領域

解答と解説

[1] **正 解** ❸ B ❹ G

ヒント 条件を満たす点だけを探す

（Pの個数、Qの個数）として、イ～ヘの座標を読む。
イ（5、20）、ロ（5、15）、ハ（5、10）、
ニ（10、15）、ホ（15、15）、ヘ（10、20）

❸ Pだけをみると、重量が最大になる点はホ。
　▶ホの重量は、15 × 3 + 15 × 2 = 75g
Qだけをみると、重量が最大になる点は、イとヘ。
　▶イはヘよりPが少ないので、イ＜ヘ。
　▶ヘの重量は、10 × 3 + 20 × 2 = 70g
ホ＞ヘとなり、重量が最も大きいのは ホだけ。

❹ 「合計20個まで」とあるので、
図の中から座標の合計が20以下になる点を探すと、
図の赤丸が求められる。
　▶この3点を結ぶと図のような三角形になる。
　▶グラフの形は G。

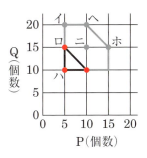

181

2 以下は、ある企業が1か月間に購入する消耗品 x と消耗品 y の条件をまとめたものである。

ア $7 \leqq x \leqq 20$
イ $3 \leqq y \leqq 15$
ウ $x + y \leqq 26$

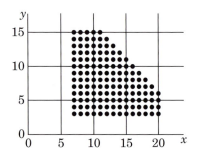

x が y の4倍以下になる場合、図はどのようになるか。

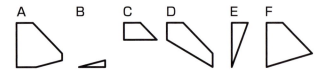

30 ●条件と領域

解答と解説

[2] **正解** A

ヒント y の数値ごとに条件を満たす境界を探す

$3 \leqq y \leqq 15$ で、x が y の4倍以下になる場合を考える。

① x が、$y = 3$ の4倍以下になるとき、$x \leqq 12$
② x が、$y = 4$ の4倍以下になるとき、$x \leqq 16$
③ x が、$y = 5$ の4倍以下になるとき、$x \leqq 20$
④ x が、$y = 6$ の4倍以下になるとき、$x \leqq 24$
　　⋮

▶ x は20以下なので、$y = 6$ 以上は考えなくてよい。

①〜④より、条件を満たさない点を消すと次の図になる（赤丸は条件を満たす境界になる点）。

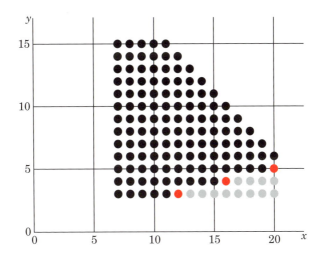

よって、図の形は **A**。

183

頻出度 ★★★★

31 料金表

こんな問題が出る！

次の資料の内容と一致するものは、ア、イ、ウのどれか。

この問題は 2 問組みです

〈入園料の各種割引一覧表〉

割引名称	割引率
雨天割引	10%
平日割引	20%
団体割引	20%
夜間割引	25%

■複数の割引に該当するときは、割引率の高いほうで計算

■雨天割引は、13:00 ～ 17:00 の雨が降っているときに当日券を購入した場合に適用

■平日割引は、平日の 10:00 ～ 17:00 に当日券を購入した場合に適用

■団体割引は、12 人以上の予約券を、入園日の 15 日以上前に購入する場合に適用

■夜間割引は、平日の 17.00 以降に当日券を購入した場合に適用

ア ある日曜日に 13 人のグループで当日券を買って入園する場合、全員の入園料が 20%割引になる

イ ある祝日に 12 人のグループで入園する場合、20 日前に予約券を購入すると、全員の入園料が 20%割引になる

ウ ある祝日に 15 人のグループで入園する場合、2 週間前に予約券を購入すると、全員の入園料が 20%割引になる

○ **A** アだけ
○ **B** イだけ
○ **C** ウだけ
○ **D** アとイ
○ **E** アとウ
○ **F** イとウ
○ **G** アとイとウ

1 2

31 ● 料金表

必要な情報だけをすばやく読み取る

ポイント ❶ ア〜ウに共通する**キーワード**に注目する

ポイント ❷ 資料とその下の説明文とを結びつける

解答と解説

正解 B

ア〜ウのいずれも、団体割引に関する記述。

▶資料から「団体割引」の情報をチェックする。

■団体割引は、12人以上の予約券を、入園日の15日以上前に購入する場合に適用

▶**ア〜ウ**の記述が説明文と合っているか検証する。

ア ある日曜日に13人のグループで当日券を買って入園する場合、全員の入園料が20%割引になる

イ ある祝日に12人のグループで入園する場合、20日前に予約券を購入すると、全員の入園料が20%割引になる

ウ ある祝日に15人のグループで入園する場合、2週間前に予約券を購入すると、全員の入園料が20%割引になる

よって、資料の内容と一致するのは、**イだけ**。

練習問題

1 ※ こんな問題が出る！ の続き（組問題）

次の資料の内容と一致するものは、エ、オ、カのどれか。

この問題は 2 問組みです

〈入園料の各種割引一覧表〉

割引名称	割引率
雨天割引	10%
平日割引	20%
団体割引	20%
夜間割引	25%

■複数の割引に該当するときは、割引率の高いほうで計算

■雨天割引は、13:00 ～ 17:00 の雨が降っているときに当日券を購入した場合に適用

■平日割引は、平日の 10:00 ～ 17:00 に当日券を購入した場合に適用

■団体割引は、12 人以上の予約券を、入園日の 15 日以上前に購入する場合に適用

■夜間割引は、平日の 17:00 以降に当日券を購入した場合に適用

エ 晴れた平日の 12:30 に当日券を 2 人分購入し、18:00 に入園する場合、入園料が 20% 割引になる

オ 雨の降る平日の 15:00 に当日券を 5 人分購入し、19:30 に入園する場合、入園料が 25% 割引になる

カ 雨の降る平日の 18:00 に当日券を 4 人分購入する場合、入園料が 25% 割引になる

- ○ **A** エだけ
- ○ **B** オだけ
- ○ **C** カだけ
- ○ **D** エとオ
- ○ **E** エとカ
- ○ **F** オとカ
- ○ **G** エとオとカ

1 | **2**

31 ● 料金表

解答と解説

1 正解 E

エ〜カのいずれも団体ではない、平日の当日券に関する記述。
　▶団体割引を除くほかの3つの割引との整合性をチェックする。

■雨天割引は、13:00 〜 17:00 の雨が降っているときに当日券を購入した場合に適用

■平日割引は、平日の 10:00 〜 17:00 に当日券を購入した場合に適用

■夜間割引は、平日の 17:00 以降に当日券を購入した場合に適用

それぞれの割引条件の違いは、「天候」と「購入時刻」。
さらに、

■複数の割引に該当するときは、割引率の高いほうで計算
　▶**エ〜カ**の記述が説明文と合っているか検証する。

エ 雨天割引✕　平日割引○　夜間割引✕
晴れた平日の 12:30 に当日券を購入し、18:00 に入園する場合、入園料が 20％割引になる

オ 雨天割引○　平日割引○　夜間割引✕
雨の降る平日の 15:00 に当日券を購入し、19:30 に入園する場合、入園料が 25％割引になる

カ 雨天割引✕　平日割引✕　夜間割引○
雨の降る平日の 18:00 に当日券を購入する場合、入園料が 25％割引になる

よって、資料の内容と一致するのは、**エとカ**。

練習問題

2

次の資料の内容と一致するものは、ア、イ、ウのどれか。

この問題は2問組みです

〈各種旅行プランの料金一覧表〉

プラン	大人2名	追加（1名につき）
Aプラン	18000円	10000円
Bプラン	20000円	12000円
Cプラン	24000円	14000円

■土曜日は、各プランとも合計金額が4000円増しとなる

■8月11日〜8月15日は、各プランとも合計金額が6000円増しとなる

■キャンセル料は、旅行出発予定日の14日前までは無料、13日〜8日前までは料金の10％、7日〜2日前までは料金の20％、前日は料金の50％、当日は料金の80％となる

ア 大人3名で6月の土曜日にAプランで旅行するとき、料金の合計は28000円である

イ 大人4名で7月の木曜日にBプランで旅行するとき、料金の合計は44000円である

ウ 大人5名で8月12日の日曜日にCプランで旅行するとき、料金の合計は72000円である

○ A アだけ
○ B イだけ
○ C ウだけ
○ D アとイ
○ E アとウ
○ F イとウ
○ G アとイとウ

1 2

31 ● 料金表

解答と解説

2 **正解** F

ア〜ウのいずれも合計金額に関する記述で、キャンセル料に関する記述はない。

▶「曜日」と「日付」と「人数」をチェックする。

■土曜日は、各プランとも合計金額が 4000 円増しとなる

■8月11日〜8月15日は、各プランとも合計金額が 6000 円増しとなる

ア 大人3名で <u>6月</u>の <u>土曜日</u>に A プランで旅行するとき、
 　8月× 　土曜日○（4000 円増し）
 料金の合計は 28000 円である
 　　　　　　 ×

　　　A プラン：大人2名＋追加1名＋土曜日
　　　→ 18000 + 10000 + 4000 = 32000 円

イ 大人4名で <u>7月</u>の <u>木曜日</u>に B プランで旅行するとき、
 　8月× 　土曜日×
 料金の合計は 44000 円である
 　　　　　　 ○

　　　B プラン：大人2名＋追加2名
　　　→ 20000 + 24000 = 44000 円

ウ 大人5名で <u>8月12日</u>の日曜日に C プランで旅行すると
 　　　　　　 8月○（6000 円増し）
 き、料金の合計は 72000 円である
 　　　　　　　　 ○

　　　C プラン：大人2名＋追加3名＋8月
　　　→ 24000＋42000＋6000＝72000 円

よって、資料の内容と一致するのは、**イとウ**。

練習問題

2 の続き（組問題）

次の資料の内容と一致するものは、エ、オ、カのどれか。

| この問題は２問組みです |

〈各種旅行プランの料金一覧表〉

プラン	大人2名	追加（1名につき）
Aプラン	18000円	10000円
Bプラン	20000円	12000円
Cプラン	24000円	14000円

■土曜日は、各プランとも合計金額が4000円増しとなる
■8月11日〜8月15日は、各プランとも合計金額が6000円増しとなる
■キャンセル料は、旅行の出発予定日の14日前までは無料、13日〜8日前までは料金の10％、7日〜2日前までは料金の20％、前日は料金の50％、当日は料金の80％となる

エ 旅行の合計金額が32000円で、出発予定日の10日前にキャンセルすると、キャンセル料は6400円である
オ 旅行の合計金額が18000円で、出発予定日の前日にキャンセルすると、キャンセル料は14400円である
カ 旅行の合計金額が24000円で、出発予定日の当日にキャンセルすると、キャンセル料は19200円である

○ A エだけ
○ B オだけ
○ C カだけ
○ D エとオ
○ E エとカ
○ F オとカ
○ G エとオとカ

31 ● 料金表

 解答と解説

[2] **正解** C

エ〜カのいずれもキャンセル料に関する記述。

▶「何日前にキャンセルしたか」と「キャンセル料」をチェックする。

■キャンセル料は、旅行の出発予定日の <u>14日前までは無料</u>、<u>13日〜8日前までは料金の10%</u>、<u>7日〜2日前までは料金の20%</u>、<u>前日は料金の50%</u>、<u>当日は料金の80%</u>となる

13日〜8日前（10%）

エ　旅行の合計金額が32000円で、出発予定日の<u>10日前</u>にキャンセルすると、キャンセル料は<u>6400円</u>である
32000円の10%＝3200円

前日（50%）

オ　旅行の合計金額が18000円で、出発予定日の<u>前日</u>にキャンセルすると、キャンセル料は<u>14400円</u>である
18000円の50%＝9000円

当日（80%）

カ　旅行の合計金額が24000円で、出発予定日の<u>当日</u>にキャンセルすると、キャンセル料は<u>19200円</u>である
24000円の80%＝19200円

よって、資料の内容と一致するのは、**カ**だけ。

頻出度 ★★★★

32 長文読み取り

こんな問題が出る！

次の文を読んで
問いに答えよ。

近年、日本の森林の量は増加の傾向にあるといわれている。林野庁の発表した「森林資源現況調査」によると、森林の量を示す一つの基準とされる日本の森林蓄積量は、2007年には44億立方メートルとなっている。1966年における森林蓄積量は19億立方メートルであり、2007年にはその約2.3倍になったことになる。これは、植林が増えたこともその一因と考えられる。事実、森林蓄積量に占める人工林の割合は、1966年に約30％であったが、2007年には約60％を占め、その割合は大きく増加している。

文中の内容と一致するものはどれか。

ア 日本における1966年の森林蓄積量は44億立方メートルである

イ 日本における2007年の人工林は、1966年の3倍以上になった

ウ 日本における2007年の人工林は、1966年の約2.3倍である

○ A アだけ
○ B イだけ
○ C ウだけ
○ D アとイ
○ E アとウ
○ F イとウ
○ G アとイとウ

32 ● 長文読み取り

数値の部分を整理して書き出す

解答と解説

正解 B

 与えられたデータをわかりやすく表にする

	森林蓄積量	人工林の割合
1966年	19億立方メートル	森林蓄積量の約30%
	↓ 約2.3倍	
2007年	44億立方メートル	森林蓄積量の約60%

ア 日本における<u>1966年の森林蓄積量</u>は<u>44億立方メートル</u>である
　　　　　　　　　　　　　　　　　　　　19億が正しい

イ 日本における<u>2007年の人工林</u>は、1966年の<u>3倍以上</u>になった

1966年の人工林は、森林蓄積量の約30%。
　▶ 19億の30%は5.7億。

2007年の人工林は、森林蓄積量の約60%。
　▶ 44億の60%は26.4億。

26.4億は5.7億の約4.6倍なので、3倍以上という記述は正しい。

ウ 日本における<u>2007年の人工林</u>は、1966年の<u>約2.3倍</u>である
　　　　　　　　　　　　　　　　　　　イより約4.6倍が正しい

よって、文の内容と一致するのは、**イだけ**。

193

練習問題

1

次の文を読んで問いに答えよ。

2008年におけるわが国の貿易をみると、アメリカ合衆国との貿易では、わが国からの輸出は14兆2143億円であり、前年に対して15.9%の減少であった。また、輸入は8兆396億円であり、前年に対して3.7%の減少であった。その結果、アメリカ合衆国に対する貿易黒字は、6兆1747億円となっている。

また、中国との貿易では、わが国からの輸出は12兆9499億円であり、前年に対して0.9%の増加であった。さらに、輸入は14兆8304億円であり、前年に対して1.4%の減少であったが、1988年以降、中国に対する貿易赤字は続いている。

文中の内容と一致するものはどれか。

ア 2008年のわが国の中国に対する貿易赤字は、2兆円より大きい

イ 2008年のわが国からの輸出額を比較すると、アメリカ合衆国のほうが中国より大きい

ウ 2008年のわが国のアメリカ合衆国と中国に対する輸出額の差は、前年より小さい

○ A アだけ
○ B イだけ
○ C ウだけ
○ D アとイ
○ E アとウ
○ F イとウ
○ G アとイとウ

194

32 ● 長文読み取り

解答と解説

1 　正解　F

与えられたデータを表にまとめる。

貿易相手国		額（前年に対する増加率）	貿易黒字
アメリカ合衆国	輸出	14 兆 2143 億円（− 15.9%）	6 兆 1747 億円
	輸入	8 兆 396 億円（− 3.7%）	
中国	輸出	12 兆 9499 億円（＋ 0.9%）	1988 年以降マイナス
	輸入	14 兆 8304 億円（− 1.4%）	

ア 2008 年のわが国の中国に対する貿易赤字は、2 兆円より大きい
14 兆 8304 億 − 12 兆 9499 億
→ 2 兆円未満

イ 2008 年のわが国からの輸出額を比較すると、アメリカ合衆国のほうが中国より大きい
アメリカ（輸出）14 兆 2143 億 ＞ 中国（輸出）12 兆 9499 億

ウ 2008 年のわが国のアメリカ合衆国と中国に対する輸出額の差は、前年より小さい

前年に比べて、わが国の 2008 年の輸出額は、アメリカ合衆国に対しては減少し、中国に対しては増加している。
　　▶アメリカ合衆国と中国に対する輸出額の差は、前年よりも縮まっている。
よって、文の内容と一致するのは、**イとウ**。

テストセンター

COLUMN

テストセンターの「手応え」

テストセンターでは、例えばＡ社で受けた結果を次に受けるＢ社やＣ社にも使えるようになっています。つまり、前の会社で受けた試験結果を次の別の会社でも使えるということです。ただし、得点は非公開なので、受験生は試験結果の「手応え」から「点数がよさそうだ」との憶測だけを頼りにそれを企業に送るしかありません。ところが実際はこの「手応え」がたいがい勘違いされているのです。

毎年、受講生からさまざまな情報が寄せられます。その中の興味深いものの一つに、テストセンター受験生による「試験後の感想」があります。これによると、学力の高い人ほど試験後に、決まって「手応えがいまひとつだった」とこぼします。逆に、学力不足な人は「かなりいい手応えだった」と得意がります。普通なら逆の感想になるはずなのに、なぜこんなことが起こるのでしょう。

そのわけは、テストセンターの出題方式にあります。

テストセンターでは、解いた問題の正解・不正解によって次の出題の難易度が決まります。つまり、正解なら次の出題が難しくなり、不正解なら易しくなるのです。この方式により、学力をかなり正確に測れるようになっています。

したがって、出題が進むにつれ問題の難易度が、正解の多い人ほど高くなり、不正解の多い人ほど低くなるので、各の手応えがあべこべになるのです。

この出題方式の仕掛けによって、好成績の人ほど結果に不安を覚えるわけです。

第2章
言語問題

二語の関係

こんな問題が出る！

最初に示した二語の関係を読み取り、その関係と同じ関係になっているものを選びなさい。

タンカー：船舶

ア 週刊誌：雑誌
イ ピアノ：楽器
ウ 石鹸：シャンプー

○ A アだけ
○ B イだけ
○ C ウだけ
○ D アとイ
○ E アとウ
○ F イとウ

01 ● 二語の関係

分類記号を使って関係を明確にする

| 包含 | AはBを含む | A ⊃ B |

例 惑星：火星 → 「惑星」は「火星」を含む。

AはBに含まれる　　A ⊂ B

例 富士山：山 → 「富士山」は「山」に含まれる。

| 原料 | AはBでできている | A（原）B |

例 豆腐：大豆 → 「豆腐」は「大豆」でできている。

| 役割 | AはB（の役割を）する | A（役）B |

例 記者：取材 → 「記者」は「取材」をする。

| 対語 | AとBは反対の意味 | A ⇔ B |

例 危険：安全 → 「危険」と「安全」は反対の意味。

| 同意 | AとBは同じ意味 | A ＝ B |

例 工面：算段 → 「工面」と「算段」は同じ意味。

| 同種 | AもBも〜の一種 | A（同）B |

例 うどん：そば → 「うどん」も「そば」も麺類。

 解答と解説

正解 D

「タンカー」は「船舶」に含まれる。⇒ タンカー⊂船舶

ア 「週刊誌」は「雑誌」に含まれる。⇒ 週刊誌⊂雑誌
イ 「ピアノ」は「楽器」に含まれる。⇒ ピアノ⊂楽器
ウ 「石鹸」も「シャンプー」も洗剤の一種。
　　　　　　　　　　　⇒ 石鹸（同）シャンプー

練習問題

1

最初に示した二語の関係を読み取り、その関係と同じ関係になっているものを選びなさい。

畳表：いぐさ

ア 画用紙：和紙
イ ところてん：天草
ウ チーズ：牛乳

○ A アだけ
○ B イだけ
○ C ウだけ
○ D アとイ
○ E アとウ
○ F イとウ

2

最初に示した二語の関係を読み取り、その関係と同じ関係になっているものを選びなさい。

箪笥：収納

ア 病院：医者
イ 消防官：消火
ウ 掃除：家事

○ A アだけ
○ B イだけ
○ C ウだけ
○ D アとイ
○ E アとウ
○ F イとウ

01 ● 二語の関係

解答と解説

1 正解 F

「畳表」は「いぐさ」でできている。⇒ 畳表（原）いぐさ

ア 「画用紙」も「和紙」も紙の一種。⇒ 画用紙（同）和紙
イ 「ところてん」は「天草」でできている。
　　　　　　　　　　　　　⇒ ところてん（原）天草
ウ 「チーズ」は「牛乳」でできている。
　　　　　　　　　　　　　⇒ チーズ（原）牛乳

2 正解 B

「箪笥」は「収納」する。⇒ 箪笥（役）収納

ア P199 の分類に当てはまらない。⇒ 病院（なし）医者
イ 「消防官」は「消火」する。⇒ 消防官（役）消火
ウ 「掃除」は「家事」に含まれる。⇒ 掃除⊂家事

まとめてチェック!

包含 頻出パターン

格闘技⊃柔道	音楽⊃ジャズ
アクセサリー⊃ネックレス	文芸⊃小説
ガス⊂燃料	鯨⊂哺乳類
寒流⊂海流	水稲⊂作物

練習問題

3

最初に示した二語の関係を読み取り、その関係と同じ関係になっているものを選びなさい。

緊張：弛緩

ア 需要：供給
イ 購求：入手
ウ 具体：抽象

- ○ A アだけ
- ○ B イだけ
- ○ C ウだけ
- ○ D アとイ
- ○ E アとウ
- ○ F イとウ

4

最初に示した二語の関係を読み取り、その関係と同じ関係になっているものを選びなさい。

直線：点線

ア スポーツ：運動
イ 化学：数学
ウ 天秤：計量

- ○ A アだけ
- ○ B イだけ
- ○ C ウだけ
- ○ D アとイ
- ○ E アとウ
- ○ F イとウ

01 ●二語の関係

解答と解説

3 正解 E

「緊張」と「弛緩」は反対の意味。⇒ 緊張⇔弛緩

（弛緩…ゆるむこと）

ア 「需要」と「供給」は反対の意味。⇒ 需要⇔供給
イ 「購求」と「入手」は同じ意味。⇒ 購求＝入手
ウ 「具体」と「抽象」は反対の意味。⇒ 具体⇔抽象

4 正解 B

「直線」も「点線」も線の一種。⇒ 直線（同）点線

ア 「スポーツ」と「運動」は同じ意味。⇒ スポーツ＝運動
イ 「化学」も「数学」も学問の一種。⇒ 化学（同）数学
ウ 「天秤」は「計量」する。⇒ 天秤（役）計量

まとめてチェック！

原料 頻出パターン

かんぴょう（原）夕顔	プラスチック（原）石油
ココア（原）カカオ	ベーコン（原）豚肉
かまぼこ（原）魚	油揚げ（原）豆腐
ドライアイス（原）二酸化炭素	瓦（原）粘土

練習問題

5

最初に示した二語の関係を読み取り、その関係と同じ関係になっているものを選びなさい。

発生：消滅

ア　明瞭：曖昧
イ　安価：廉価
ウ　理論：実践

○　A　アだけ
○　B　イだけ
○　C　ウだけ
○　D　アとイ
○　E　アとウ
○　F　イとウ

6

最初に示した二語の関係を読み取り、その関係と同じ関係になっているものを選びなさい。

雨具：傘

ア　電話：通話
イ　きなこ：大豆
ウ　化粧品：口紅

○　A　アだけ
○　B　イだけ
○　C　ウだけ
○　D　アとイ
○　E　アとウ
○　F　イとウ

01 ● 二語の関係

解答と解説

5 正解 E

「発生」と「消滅」は反対の意味。⇒ 発生⇔消滅

ア 「明瞭」と「曖昧」は反対の意味 ⇒ 明瞭⇔曖昧
イ 「安価」と「廉価」は同じ意味 ⇒ 安価＝廉価
ウ 「理論」と「実践」は反対の意味 ⇒ 理論⇔実践

6 正解 C

「雨具」は「傘」を含む。⇒ 雨具⊃傘

ア 「電話」は「通話」する役割をもつ。⇒ 電話(役)通話
イ 「きなこ」は「大豆」でできている。⇒ きなこ(原)大豆
ウ 「化粧品」は「口紅」を含む。⇒ 化粧品⊃口紅

まとめてチェック！

役割 頻出パターン

俳優（役）演技	ものさし（役）測定
行司（役）軍配	保護者（役）養育
ダム（役）貯水	錠前（役）防犯
かばん（役）運搬	刑事（役）捜査

練習問題

7

最初に示した二語の関係を読み取り、その関係と同じ関係になるような語を選びなさい。

日本酒：米

絹糸：（　　）

- ○ ア　蚕
- ○ イ　生糸
- ○ ウ　ミシン糸
- ○ エ　羊毛
- ○ オ　麻

8

最初に示した二語の関係を読み取り、その関係と同じ関係になるような語を選びなさい。

台所：寝室

仏教：（　　）

- ○ ア　学問
- ○ イ　キリスト教
- ○ ウ　宗教
- ○ エ　経典
- ○ オ　芸術

01 ● 二語の関係

解答と解説

7 正解 ア

「日本酒」は「米」でできている ⇒ 日本酒（原）米
原料の関係になるものを選ぶ。

ア　絹糸　（原）　蚕
イ　絹糸　（同）　生糸
　　絹糸　＝　　生糸
ウ　絹糸　（同）　ミシン糸
エ　絹糸（なし）羊毛
オ　絹糸（なし）麻

8 正解 イ

「台所」も「寝室」も部屋の一種 ⇒ 台所（同）寝室
同種の関係になるものを選ぶ。

ア　仏教　⊂　　学問
イ　仏教　（同）キリスト教
ウ　仏教　⊂　　宗教
エ　仏教（なし）経典
オ　仏教　⊂　　芸術

まとめてチェック！

対語 頻出パターン

多弁⇔寡黙	喪失⇔獲得
分散⇔集中	創造⇔模倣
罷免⇔任命	演繹（えき）⇔帰納
保守⇔革新	固辞⇔快諾
内包⇔外延	希薄⇔濃厚
撤去⇔設置	故意⇔過失
寛容⇔厳格	混乱⇔秩序
絶賛⇔酷評	自立⇔依存
賢明⇔暗愚	拒絶⇔受諾
巧妙⇔拙劣	自然⇔人工
延長⇔短縮	陳腐⇔斬新
漠然⇔判然	決裂⇔妥結
威圧⇔懐柔	真実⇔虚偽
普遍⇔特殊	卑近⇔高遠
下落⇔騰貴	勤勉⇔怠惰

01 ● 二語の関係

まとめてチェック！

同意 頻出パターン

反論＝反駁	栄養＝滋養
互角＝伯仲	次第＝順序
心配＝懸念（不安）	消息＝音信
危機＝窮地	弁別＝識別
関与＝介入	過言＝失言
不意＝突然	準備＝用意
没頭＝専念	欠点＝短所
知己＝友人	了解＝納得
同意＝賛成	動機＝原因
尽力＝献身	自慢＝自負
落胆＝失望	必然＝当然
綿密＝細心	束縛＝統制
熟知＝通暁	基礎＝根底
心酔＝傾倒	便利＝重宝
無口＝寡黙	遺憾＝残念

SPI

テストセンター

02 熟 語

こんな問題が出る！

下線部のことばと意味が最も近いものを1つ選びなさい。

この世をむなしいものと悟り、あきらめること

- A 客観
- B 達観
- C 諦観(てい)
- D 超越
- E 空虚

02 ●熟 語

漢字変換や分解で解く

ポイント❶ 下線部のことばを漢字に直してみる

ポイント❷ 熟語を1字ずつに分解し、意味を考える

ポイント❸ 設問のイメージからふさわしいものを選ぶ

解答と解説

正解 C

「この世を むなしい ものと悟り、 あきらめる こと」
漢字に変換する
　　　　　「虚」しい　　　　　　「諦」める

▶この漢字を使っている選択肢に特に注目する。
▶迷ったら残りの1字の意味を考える。

A　客観＝主観から独立して存在するもの
B　達観＝全体を見通すこと
C　諦観⇒「観」は「人生観」「歴史観」のように、考え方、見方などの意味をもつ
D　超越＝標準をはるかに超えること
E　空虚⇒分解すると…「**空**っぽ」で「**虚**しい」
　　　　＝空っぽで内容がないこと

※「諦観」には「物事の本質をはっきりと見極めること」という意味もある。

下線部のことばと意味が最も近いものを1つ選びなさい。

1 道義にはずれたことに対して感じるいきどおり

　　A　鬱憤　　B　憤慨　　C　孤憤
　　D　発憤　　E　義憤

2 力強く説得力のある弁舌

　　A　訥弁　　B　思弁　　C　詭弁
　　D　雄弁　　E　抗弁

3 広くいきわたること

　　A　是認　　B　普遍　　C　明瞭
　　D　報道　　E　典型

解答と解説

1 正解 E

「道義 にはずれたことに対して感じる いきどおり 」

▶選択肢にはすべて「いきどおり→憤」が含まれる。

▶残りの1字に「道義」の意味が含まれる選択肢を探す。

E 義憤⇒義＝道義、正道

A 鬱憤＝心に積もる憤り　B 憤慨＝ひどく腹を立てること
C 孤憤＝自分ひとりで世間を憤ること　D 発憤＝憤りを発すること

2 正解 D

「力強く　説得力のある 弁舌 」

▶選択肢にはすべて「弁舌→弁」が含まれる。

▶「力強い」の意味が含まれる選択肢を探す。

D 雄弁⇒雄＝力強い、優れた

A 訥弁＝滑らかでない下手な話し方　B 思弁＝よく考えてものの道理をわきまえること　C 詭弁＝こじつけの論　E 抗弁＝相手に逆らって自分の考えを述べること

3 正解 B

「 広く行きわたる こと」

▶「広くいきわたる」→「一般的」というイメージ。

B 普遍＝すべてのものにあてはまること
A 是認＝よいと認めること　C 明瞭＝はっきりしていること、
D 報道＝社会の出来事を広く知らせること　E 典型＝手本や代表例となるもの

下線部のことばと意味が最も近いものを1つ選びなさい。

[4] 並はずれていること

- A 粒ぞろい
- B とてつもない
- C あらずもがな
- D 際限ない
- E 底知れぬ

[5] 真面目でひたむきなこと

- A 献身
- B 躍起
- C 熱中
- D 真摯(しんし)
- E 気勢

[6] 出すぎたことをすること

- A 相応
- B 過多
- C 僭越(せんえつ)
- D 究極
- E 奢侈(しゃし)

02●熟 語

 解答と解説

4 正解 B

「並 はずれている こと」

▶「はずれている」=「普通ではない」というイメージ。

B とてつもない⇒途轍とは「筋道、道理」という意味。

A 粒ぞろい=物や人がそろって優れていること　C あらずもがな=ないほうがよい　D 際限ない=限りがない　E 底知れぬ=限度がわからない

5 正解 D

「真面目 で ひたむき なこと」

▶「熱心」「真剣」というイメージ。

D 真摯=物事を一心に行うさま。

▶「C 熱中」と迷いやすいが、熱中は「一つのことに心を注ぐこと」で、「ひたむき」という意味はない。

A 献身=利益を考えず尽くすこと　B 躍起=あせってむきになること
E 気勢=意気込み

6 正解 C

「出すぎた ことをすること」

▶「出すぎた」=「越えている」というイメージ。

C 僭越=差し出がましいことをするさま。

A 相応=ふさわしいこと　B 過多=多すぎること、
D 究極=最後に行き着くところ　E 奢侈=ぜいたくなこと

215

下線部のことばと意味が最も近いものを1つ選びなさい。

[7] 問いただしてあきらかにすること

　A　白日　　B　糾明　　C　諮問
　D　暴露　　E　証明

[8] 欠点をあげて非難すること

　A　毅然　　B　悠然　　C　呆然
　D　悄然　　E　間然

[9] 三つの勢力が対立すること

　A　衝突　　B　紛糾　　C　鼎立
　D　相克　　E　軋轢

02 ●熟 語

解答と解説

7 正解 B

「問いただして 明らか にすること」

▶「明」が含まれる選択肢に注目！

B 糾明 ⇒「糾」は「ただす」という意味。

A 白日＝やましいところがないこと　C 諮問＝特定の機関に意見を求めること　D 暴露＝他人の秘密をあばくこと　E 証明＝証拠をあげて明らかにすること

8 正解 E

▶漢字変換や分解で解けないときは、消去法で考える。

A 毅然＝意志がしっかりしていて動じないこと　B 悠然＝ゆったり落ち着いていること　C 呆然＝おどろきあきれ、気が抜けたようになること　D 悄然＝元気がないこと

残った E 間然 が正解。

9 正解 C

▶「三つ」で選べなければ「対立」をヒントに考える。

C 鼎立 ⇒「鼎」は三つの脚のついた器のこと。

A 衝突＝ぶつかること　B 紛糾＝物事がもつれてまとまらないこと
D 相克＝相手に勝とうとして争うこと　E 軋轢＝いざこざ

217

下線部のことばと意味が最も近いものを1つ選びなさい。

10 夏炉冬扇

- A 寒いこと
- B 暑いこと
- C いいかげんなこと
- D 役に立たないこと
- E 準備不足なこと

11 快刀乱麻

- A てきぱきと処理すること
- B 乱れた世の中
- C 切れ味がするどいこと
- D 武術に優れていること
- E 近寄りがたいこと

12 切歯扼腕

- A 力強くたくましいこと
- B 相手をはげますこと
- C 熱心に物事に取り組むこと
- D すばらしいもてなしをすること
- E とてもくやしがること

02 ● 熟　語

 解答と解説

10　正解　D

「夏炉　冬扇」＝夏の炉（火鉢）、冬の扇子
▶ 暑い夏に火を焚いても、寒い冬に扇子であおいでも意味がない。
▶「**季節はずれで役に立たないこと**」という意味。

(類義語)「六日の菖蒲、十日の菊」「月夜に提灯」「後の祭り」

11　正解　A

「快刀乱麻」＝快調に切れる刀、乱れた麻
▶「快刀」は切れ味のよい刀のこと。「乱麻」はもつれた麻糸（＝混乱した事柄）のこと。
▶ もつれた麻糸をすぱっと断ち切る様子。
▶「**てきぱきと処理すること**」という意味。

(例)　快刀乱麻の手腕。

12　正解　E

▶「切歯」＝歯ぎしりをするほど残念がること。
▶「扼腕」＝悔しくて、思わず自分の腕を握りしめる。
▶「**とてもくやしがること**」という意味。

(例)　追い抜かれて切歯扼腕する。

まとめてチェック！
頻出熟語

斯界 (しかい)	この社会、この分野
嚆矢 (こうし)	物事の始まり
鼎立 (ていりつ)	三つの勢力が対立すること
毅然 (きぜん)	しっかりしていること
慊然 (かんぜん)	非難すべき欠点があること
講評 (こうひょう)	説明しながら批評すること
下野 (げや)	官職を辞めて民間に下ること
酔狂 (すいきょう)	変わったものを好むこと
趨勢 (すうせい)	物事の進んでいこうとする勢い
闊達 (かったつ)	小さなことにこだわらないこと
焦眉 (しょうび)	危険が身に迫っていること
白眉 (はくび)	多くの中ですぐれていること
不詳 (ふしょう)	はっきりわからないこと
腹心 (ふくしん)	心から信頼できること
披瀝 (ひれき)	気持ちをすべて打ち明けること
博識 (はくしき)	広い知識をもっていること
暫時 (ざんじ)	しばらくの間
蹉跌 (さてつ)	失敗して行き詰まること
陳腐 (ちんぷ)	ありふれていてつまらないこと
忖度 (そんたく)	他人の気持ちをおしはかること

02 ● 熟　語

まとめてチェック！
頻出四字熟語

付和雷同 （ふ わ らいどう）	他人にむやみに同調すること
縦横無尽 （じゅうおう む じん）	思うままに振る舞うこと
画竜点睛 （が りょうてんせい）	最後の仕上げ
厚顔無恥 （こうがん む ち）	厚かましくて恥を知らないこと
一視同仁 （いっ し どうじん）	すべてを平等に愛すること
意味深長 （い み しんちょう）	特別の意味をもっていること
危機一髪 （き き いっぱつ）	きわめて危ない状態のこと
自家撞着 （じ か どうちゃく）	同じ人の発言や行動が矛盾していること
大器晩成 （たい き ばんせい）	年をとってから成功をおさめること
天衣無縫 （てん い む ほう）	無邪気。技巧の跡がなく美しいこと
泰然自若 （たいぜん じ じゃく）	落ち着いて物事に動じないこと
汗牛充棟 （かんぎゅうじゅうとう）	多くの書物を持っていること
切磋琢磨 （せっ さ たく ま）	励ましあって学問や仕事に励むこと
切歯扼腕 （せっ し やくわん）	非常にくやしがること
気宇壮大 （き う そうだい）	心構えが大きく立派なこと
豪放磊落 （ごうほうらいらく）	小さなことにこだわらないこと
胆大心小 （たんだいしんしょう）	大胆だが細心の気配りをすること
不撓不屈 （ふ とう ふ くつ）	どんな困難にもくじけないこと
右顧左眄 （う こ さ べん）	周りを気にして決断をためらうこと
我田引水 （が でんいんすい）	都合よく物事をすすめること

SPI

テストセンター

語句の用法

こんな問題が出る！

1 下線部の語と意味が最も近いものを1つ選びなさい。

規則の定めるところによる

A　ストーブのそばによる
B　故障による電車の遅れ
C　現地調査の結果による
D　不注意によるトラブル
E　眉間にしわがよる

2 下線部の語と意味が最も近いものを1つ選びなさい。

湯気がたつ

A　波風がたつ
B　布地をたつ
C　マンションがたつ
D　酒をたつ
E　時間がたつ

03 ●語句の用法

柔軟に言い換えを考える

ポイント❶ わかりやすい言葉に言い換えてみる

例 「規則の定めるところによる」⇒「規則を根拠とする」

ポイント❷ 多義語は漢字に直すと意味の違いがわかる

「多義語」とは、いくつもの意味をもっている言葉のこと

例 「湯気がたつ」⇒「湯気が立つ」

解答と解説

1 正解 C

「規則の定めるところによる」⇒「規則を根拠とする」

A ストーブのそばによる⇒ストーブのそばに近づく
B 故障による電車の遅れ⇒故障が原因の電車の遅れ
C 現地調査の結果による⇒調査の結果を根拠とする
D 不注意によるトラブル⇒不注意が原因のトラブル
E 眉間にしわがよる⇒眉間にしわが増える

2 正解 A

「湯気がたつ」⇒「湯気が立つ」

A 波風がたつ⇒波風が立つ
B 布地をたつ⇒布地を裁つ
C マンションがたつ⇒マンションが建つ
D 酒をたつ⇒酒を断つ
E 時間がたつ⇒時間が経つ

下線部の語と意味が最も近いものを1つ選びなさい。

3 花屋に足を向ける

　A　足が長い　　B　客足が遠のく
　C　足が出る　　D　ストで足を奪われる
　E　足を洗う

4 人をみる目を養う

　A　窓の外をみる　　B　相手を甘くみる
　C　患者をみる　　　D　子どもの面倒をみる
　E　馬鹿をみる

5 出来栄えにかんしんする

　A　かんしんに堪えない　　B　政治にかんしんをもつ
　C　かんしんを買う　　　　D　かんしんな心がけ
　E　かんしんのあるニュース

03 ●語句の用法

 解答と解説

③ 正解 B

「花屋に足を向ける」⇒「花屋に行く・来る」

A 足が長い⇒(体の一部である) 足が長い
B 客足が遠のく⇒客が来る頻度が減る
C 足が出る⇒お金が予算オーバーする
D ストで足を奪われる⇒ストで交通手段を奪われる
E 足を洗う⇒悪事から離れる

④ 正解 B

「人をみる目を養う」⇒「人を判断する力を養う」

A 窓の外をみる⇒窓の外を目で認識する
B 相手を甘くみる⇒相手を甘く判断する
C 患者をみる⇒患者を診察する
D 子どもの面倒をみる⇒子どもに気を配り世話をする
E 馬鹿をみる⇒馬鹿な経験をする

⑤ 正解 D

「出来栄えにかんしんする」⇒「出来栄えに感心する」

A かんしんに堪えない⇒寒心に堪えない
　※寒心に堪えない…怖くて我慢できない
B 政治にかんしんをもつ⇒政治に関心をもつ
C かんしんを買う⇒歓心を買う
D かんしんな心がけ⇒感心な心がけ
E かんしんのあるニュース⇒関心のあるニュース

下線部の語と意味が最も近いものを1つ選びなさい。

6 私生活にかんしょうする

　A　緒戦にかんしょうする
　B　衝撃のかんしょうをはかる
　C　かんしょうにふける
　D　かんしょう用の植物
　E　内政かんしょう

7 雨なのに傘がない

　A　時間に余裕がない
　B　宿題が難しくてできない
　C　このケーキはおいしくない
　D　彼の能力は計り知れない
　E　この服は新しくない

8 学級委員に選出される

　A　校長先生が話をされる　B　母の容態が案じられる
　C　すべて食べられる　　　D　友人に呼び止められる
　E　あの人だけは信じられる

解答と解説

6 正解 E

「私生活にかんしょうする」⇒「私生活に干渉する」

A 緒戦にかんしょうする⇒緒戦に完勝する
B 衝撃のかんしょうをはかる⇒衝撃の緩衝をはかる
C かんしょうにふける⇒感傷にふける
D かんしょう用の植物⇒観賞用の植物
E 内政かんしょう⇒内政**干渉**

7 正解 A

「傘がない」⇒無い→形容詞の「ない」

A 余裕がない⇒無い→**形容詞の「ない」**
B できない⇒「ぬ」に置き換え可→打消の助動詞
C おいしくない⇒おいしい+ない→形式形容詞
D 計り知れない⇒「ぬ」に置き換え可→打消の助動詞
E 新しくない⇒新しい+ない→形式形容詞

8 正解 D

「選出される」⇒「誰かに〜れる」の形→受身の「れる」

A 話をされる⇒目上の人の動作→尊敬
B 案じられる⇒「自然と〜れる」→自発
C 食べられる⇒「〜することができる」→可能
D 呼び止められる⇒「誰かに〜れる」→**受身**
E 信じられる⇒「〜することができる」→可能

練 習 問 題

下線部の語と意味が最も近いものを1つ選びなさい。

9 会議で発言する

    A　電車で通学する　　　　B　多数決で選ぶ

    C　明日で夏休みが終わる　D　新宿で待ち合わせる

    E　雨で延期になる

10 資料から読み取れる

    A　今日から勉強を始める

    B　イチゴからジャムを作る

    C　風邪から肺炎をひきおこす

    D　友人から本を借りる

    E　机の上から動かす

11 彼にプレゼントを渡す

    A　宿題を家に忘れた　　B　ハイキングに出かける

    C　信号が青に変わる　　D　仕事に熱中する

    E　書類を取りに行く

03 語句の用法

解答と解説

9 正解 D

「会議で発言する」＝「会議という場面・場所で発言する」

A　電車で通学する→手段

B　多数決で選ぶ→手段

C　明日で夏休みが終わる→期限

D　新宿で待ち合わせる→**場面・場所**

E　雨で延期になる→理由・原因

10 正解 C

「資料から読み取れる」⇒「資料を根拠として読み取れる」

A　今日から勉強を始める→起点

B　イチゴからジャムを作る→原料

C　風邪から肺炎をひきおこす→**根拠**

D　友人から本を借りる→相手

E　机の上から動かす→起点

11 正解 D

「彼にプレゼントを渡す」＝「彼という対象に渡す」

A　宿題を家に忘れた→場所

B　ハイキングに出かける→目的

C　信号が青に変わる→結果

D　仕事に熱中する→**対象**

E　書類を取りに行く→目的

SPI

テストセンター

紛らわしい語の種類と見分け方

	種類／見分け方	例
ない	形容詞／「ある」に置き換え可	お金が<u>ない</u>
	形式形容詞／「ある」に置き換えられない	ちっとも楽しく<u>ない</u>
	打消の助動詞／「ぬ」に置き換え可	彼を知ら<u>ない</u>
	形容詞／前の語と切り離せない	残り少<u>ない</u>
に	結果／「と」に置き換え可	弁護士に<u>なる</u>
	場所・場面	廊下<u>に</u>設置する
	対象	母<u>に</u>似ている
	強意・繰り返し	待ち<u>に</u>待った
	目的	見舞い<u>に</u>行く
	形容動詞	穏やか<u>に</u>なる
で	場所・場面	図書館<u>で</u>本を読む
	手段・方法	車<u>で</u>行く
	原因・理由	病気<u>で</u>休む
	限定・期限	一日<u>で</u>作る
	断定	父は弁護士<u>で</u>ある
	形容動詞	静か<u>で</u>誰もいない
から	起点・始まり	そこ<u>から</u>移動する
	原料	小麦<u>から</u>パンを作る
	根拠	ミス<u>から</u>事故が生じる
	動作の相手	先輩<u>から</u>譲り受ける
	通過・経由	窓<u>から</u>外に出る
れる	受身	人に助けら<u>れる</u>
	尊敬	先生が引越しさ<u>れる</u>
	可能	毎朝起きら<u>れる</u>
	自発	気配が感じら<u>れる</u>

03 語句の用法

そうだ	伝聞	今日は晴れるそうだ
	様子	今日は晴れそうだ
よう	たとえ／「まるで〜」を加えることができる	彼は仏のようだ
	推量	料理が得意なようだ
	例示／「たとえば〜」を加えることができる	彼のような人
の	修飾	バラの花
	同格	姉の花子
	場所	舞台上の俳優
	「こと」・「もの」に置き換え可	行くのが大変だ
	主語／「が」に置き換え可	人のいない場所
	所有	私の手帳
	並立	どうのこうの
が	主語／「は」に置き換え可	桜が咲く
	逆接	暑いがさわやかだ
	並立	囲碁もするが将棋もする
と	共有	友人と出かける
	結果／「に」に置き換え可	信号が青となる
	たとえ／「〜のように」に置き換え可	神様と思う
	比較	あなたとは違う
	並立・列挙	海と山と青空

SPI

テストセンター

231

こんな問題が出る！

最初に示した二語の関係を読み取り、左に示した言葉と対になるものを選びなさい。

言う：申す

食べる：（　　）

○ A　いただく
○ B　お食べになる
○ C　召し上がる
○ D　食べます
○ E　食べられる

03 ●語句の用法

(敬語の種類)

丁寧語 です・ます・ございます

尊敬語 相手を上にして敬意を表す
主語は「相手が～」

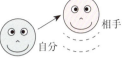

謙譲語 自分を下にして相手を高める
主語は「私が～」

主要敬語一覧

	尊敬語	謙譲語
する	なさる・される	いたす
言う・話す	おっしゃる	申す、申し上げる
見る	ご覧になる	拝見する
行く・来る(いる)	いらっしゃる	参る（おる）
思う・知る	お思いになる・思われる	存じ上げる
訪ねる	いらっしゃる	うかがう
着る	お召しになる	———
食べる・飲む(もらう)	召し上がる	いただく
くれる・やる	くださる	差し上げる

解答と解説

正解 A「言う：申す」⇒「申す」は「言う」の**謙譲語**

A いただく⇒「私がいただく」謙譲語
B お食べになる⇒用法ナシ
C 召し上がる⇒「相手が召し上がる」尊敬語
D 食べます⇒「です・ます」丁寧語
E 食べられる⇒「れる」可能の助動詞

233

練 習 問 題

最初に示した二語の関係を読み取り、左に示した言葉と対になるものを選びなさい。

1 行く：参る
　　知る：（　　） 　A　お知りになる
　　　　　　　　　　 B　知られる
　　　　　　　　　　 C　存じ上げる
　　　　　　　　　　 D　お存じになる
　　　　　　　　　　 E　知ります

2 あの人：あのかた
　　訪ねる：（　　） A　いらっしゃる
　　　　　　　　　　 B　うかがう
　　　　　　　　　　 C　訪ねます
　　　　　　　　　　 D　訪問する
　　　　　　　　　　 E　お訪ね申し上げる

3 やる：差し上げる
　　聞く：（　　） 　A　お聞きになる
　　　　　　　　　　 B　聞きます
　　　　　　　　　　 C　聞かれる
　　　　　　　　　　 D　承る
　　　　　　　　　　 E　お聞きくださる

234

03●語句の用法

解答と解説

1 正解 C

「参る」⇒「私が参る」なので**謙譲語**

- A お知りになる⇒「相手がお知りになる」尊敬語
- B 知られる⇒「相手が知られる」尊敬語
- C 存じ上げる⇒「私が存じる」謙譲語
- D お存じになる⇒用法ナシ
- E 知ります⇒「です・ます」丁寧語

2 正解 A

「あのかた」⇒相手を高める言い方なので**尊敬語**

- A いらっしゃる⇒「相手がいらっしゃる」尊敬語
- B うかがう⇒「私がうかがう」謙譲語
- C 訪ねます⇒「です・ます」丁寧語
- D 訪問する⇒敬語ではない
- E お訪ね申し上げる⇒「私がお訪ね申し上げる」謙譲語

3 正解 D

「差し上げる」⇒「私が差し上げる」なので**謙譲語**

- A お聞きになる⇒「相手がお聞きになる」尊敬語
- B 聞きます⇒「です・ます」丁寧語
- C 聞かれる⇒「相手が聞かれる」尊敬語
- D 承る⇒「私が承る」謙譲語
- E お聞きくださる⇒「相手がお聞きくださる」尊敬語

頻出度 ★★★★

04 長文読解

長文問題とは？

○一般に1200～1500字程度の長文が出題

○テーマは、「文化」「環境問題」「思想」などが頻出

○1つの長文に対して設問が3～5問

○問われるのは「**接続詞の穴埋め問題**」「**本文の内容と合致するものを選ぶ問題**」「**指示語が指している内容を選ぶ問題**」「**文章のテーマやキーワードを入れる問題**」の4種類

○1つの長文を解くための時間は5～6分（言語問題のうち約半分が長文読解に関わる設問）

ポイント① 設問を先に読む

「接続詞の穴埋め問題」は、先に選択肢をみておくと手がかりが得やすい。以下の分類を覚えておこう。

接続詞の分類

種類	接続詞
逆接（前の文と反対の内容 or 前の文の否定）	しかし・だが・だけど・ところが・しかしながら・が・けれども
順接（原因・理由＋結果）	だから・したがって・それゆえ・ゆえに・すると・それで
並立・添加（付け足し）	さらに・そして・そのうえ・しかも・また・ならびに・かつ・および
換言・説明（前の文の言い換え）	つまり・すなわち・要するに・なぜなら・たとえば・ただし
対比・選択（1つだけを選ぶ）	あるいは・または・もしくは
転換（話題を変える）	ところで・さて・ときに・では

236

04 ● 長文読解

ポイント 2 冒頭文をチェックする

１文目にテーマが隠されていることが多い。

> 何かを構築するときには、異質なものを徹底的に否定し排除していくやり方と、いいものであれば異質なものでもどんどん呑み込んでいってしまうやり方の二つがある。(p.238　１行目〜３行目)

▶テーマは「**何かを構築するときの二つのやり方**」。

ポイント 3 筆者の一番言いたいことを探す

▶「何かを構築するときの二つのやり方」に対する答え＝筆者の一番言いたいこと。

▶「何かを構築するとき」「異質なもの」を「排除する」方がよいのか、「呑み込む」方がよいのか**に注意しながら読み下す。**

ポイント 4 文章をシンプル化する

言い換えや指示語に印をつける。

▶筆者の言いたいことは、形を変えて繰り返し登場する。

▶指示語と指示語が指している語句を矢印で結ぶと整理しやすい。

> 何かを構築するときには、異質なものを徹底的に否定し排除していくやり方と、いいものであれば異質なものでもどんどん呑み込んでいってしまうやり方の二つがある。前者の方が一見純粋さを保てるように思えるが、それで浄化はできても、本質は痩せ細ってしまうことも多い。たとえば、「自分探し」というアイデンティティの確立においても似たようなことが言える。これも自分じゃない、あれも本当の自分じゃない……と切り捨てていくと、最後には自分がなくなってしまう

異質なものを徹底的に否定し排除していくやり方は浄化はできても、本質は痩せ細ってしまうというのが筆者の主張。

237

こんな問題が出る！

　何かを構築するときには、異質なものを徹底的に否定し排除していくやり方と、いいものであれば異質なものでもどんどん呑み込んでいってしまうやり方の二つがある。前者の方が一見純粋さを保てるように思えるが、それで浄化はできても、本質は痩せ細ってしまうことも多い。

　たとえば、「自分探し」というアイデンティティの確立においても似たようなことが言える。これも自分じゃない、あれも本当の自分じゃない……と切り捨てていくと、最後には自分がなくなってしまう。むしろ、これもあれもとさまざまな面が束になっていて、そのすべてが自分なのだと考える方が、個性はずっと豊かになる。

　ところで、ゲーテの浄化論は言語に限ったことではなく、他のことにも応用が利く。たとえば、「何々らしさ」というものを色濃く見せていく場合に、さまざまなものを切り捨てることで強調するというのは非常に息苦しい印象を受ける。いろいろなものを呑み込み、肯定的な形で「らしさ」をつくり出す方が、精神性に余裕が出る。

　〈　　〉現代は、非常に否定的な浄化論者が多いように私は感じる。何かを肯定し賛美するために、同質でなければ、同じ方向性をもった似たようなものでさえ否定していかなければ気がすまないというヒステリックさが潜んでいるように思う。それは過激派の内ゲバの争いを見るようである。端から見ると似たりよったりだが、本人たちは近くにいるものを徹底批判することで自分たちの正当性を築き上げる。これなどは典型的な否定浄化論である。

　そういうものの見方は非常に狭い。極端に走ると、国粋主義的な発想になってしまう。「これは日本だけのものですね」「日本人でなければわからないことでしょう」などという発言には、優越感に似た貧しい精神性を感じるのである。

（『座右のゲーテ』　齋藤孝　光文社新書）

04 ●長文読解

S
P
I

テストセンター

設問1 空欄 〈　　〉に当てはまる接続詞を選びなさい。

A　したがって

B　また

C　ところが

D　つまり

E　しかも

設問2 本文中の下線部「そういうものの見方」に当てはまるものをすべて選びなさい。

ア　典型的な否定浄化論。

イ　近くにいるものを徹底批判すること。

ウ　異質なものでもどんどん呑み込んでいってしまうやり方。

A　アのみ　　B　イのみ　　C　ウのみ　　D　アとイ

E　アとウ　　F　イとウ

設問3 文中で述べられている内容と合致するものは、次のうちどれか。

ア　「自分探し」をすると、アイデンティティを確立できない。

イ　同質のものでも、徹底的に否定しないと気がすまない。

ウ　いいものであれば異質なものも取り入れていくとよい。

A　アのみ　　B　イのみ　　C　ウのみ　　D　アとイ

E　アとウ　　F　イとウ

239

解答と解説

設問1　正解　C

空欄の前後の文で述べられている内容をみる

> いろいろなものを呑み込み、肯定的な形で「らしさ」をつくり出す方が、精神性に余裕が出る。〈　〉現代は、非常に否定的な浄化論者が多いように私は感じる。(p.238　15行目～19行目)

肯定的⇔否定的と反対の意味の語句が使われているので、**逆接の接続詞**が入る。

A　したがって⇒「順接」
B　また⇒「添加」・「並列」
C　ところが⇒「逆接」
D　つまり⇒「換言」
E　しかも⇒「添加」

設問2　正解　D

ヒント　指示語の種類に注意！

「そういう」「その」「そのように」⇒直前の語句を指す
「こういう」「この」「このように」⇒近くの語句 or 全体を指す

そういうものの見方は非常に狭い。(p.238　26行目)
⇒「狭いものの見方」について説明しているものを選ぶ

ア　典型的な否定浄化論。(＝異質なものを否定しなければ気がすまない)⇒「狭いものの見方」○
イ　近くにいるものを徹底批判すること。(＝似たりよったりのものを徹底的に否定すること)⇒「狭いものの見方」○

04 ● 長文読解

ウ　異質なものでもどんどん呑み込んでいってしまうやり方。⇒**狭くないものの見方**✕

設問3 **正解** **C**

選択肢が長文の内容と合致しているかをみる

ア　「自分探し」をすると、アイデンティティを確立できない。
⇒「自分探し」というアイデンティティの確立においても似たようなことが言える（p.238　6行目〜7行目）
＝**「自分探し」はアイデンティティの確立であるので**✕

イ　同質のものでも、徹底的に否定しないと気がすまない。
⇒同質でなければ、同じ方向性をもった似たようなものでさえ否定していかなければ気がすまない（p.238　19行目〜21行目）
＝**同質であれば否定しないので**✕

ウ　いいものであれば異質なものも取り入れていくとよい。
⇒いいものであれば異質なものでもどんどん呑み込んでいってしまうやり方（p.238　2行目〜3行目）
⇒いろいろなものを呑み込み、肯定的な形で「らしさ」をつくり出す方が、精神性に余裕が出る（p.238　15行目〜17行目）
＝**異質なものも呑み込むとよいというのが筆者の考えなので**○

241

こんな問題が出る！

①精神を自由にするには、肉体の一部を拘束して、いくらか不自由にする方がいいらしい。中国の宋時代の詩人、欧陽修が三上、馬上・枕上・厠上を妙案の浮ぶ場所としてすぐれていると考えたのも、それぞれ、完全に自由にならない立場にあるからだといえそうである。馬上にしても、枕上にしても、トイレの中にしても、ほかにすることとてないが、そうかといって、別にほかのことをするわけにもいかない。そういう状況でものを考えるのも、"ながら族"の一種である。欧陽修はながら族の大先輩かもしれない。

われわれは当面のこと、関心のあることに心をひかれる。関心をもつというのは、そのほかのことに心が向かないことで、気にかかる大問題をかかえる人が、ときとして、とんだ失敗をやらかすのは、注意が一点に集中していて、ほかが留守になるためである。

〈　　　〉、なるべく、些細なことに関心が向けられている方が精神の自由には好都合である。三上はそういう状態をつくり出すのに適しているということであろう。②

英語でこの関心のことをインタレスト（interest）というのはおもしろい。インタレストとは利害関係のあることで、したがって、関心ともつながり、おもしろさ、興味ともかかわってくる。何かに関心をもつというのは、それと利害関係をもつことであって、精神の自由はそれだけ制約される。いろいろな知識をもっているというのは、さまざまな利害関係でがんじがらめになっていることを意味する。そういう頭脳では自由奔放なことを考えるのは困難であろう。③

そこで、自然の、あるいは意識的な、忘却が重要となる。もろもろのインタレストのきずなから解放されるのが忘却で、それには日常性からの離脱が求められる。仕事や勉強だけしていては、忘れることが難しく、利害関係の網の目からものがれられない。④

04 ● 長文読解

　三上はささやかな日常性からの遊離である。自棄酒はかなり大きな現実否定になろう。出家、隠遁、雲水の旅に漂泊するというのは、生涯をかけたカタルシスである。⑤

　　　　　（『知的創造のヒント』外山滋比古／ちくま学芸文庫）

設問1　空欄〈　　〉に当てはまる接続詞を選びなさい。

A　かつ　　　　B　だが　　　　　C　したがって
D　ところで　　E　すなわち

設問2　次の文章を本文中に入れるなら、どこに入れるのが最も適切か。

　ものごとに執着するのは、心の自由にとって大敵である。人間はどうしても、自分を中心にものを見、考えがちで、それが関心と呼ばれる。

A　①　　　B　②　　　C　③　　　D　④　　　E　⑤

設問3　精神を自由にするような状態について、文中に述べられていることと合致するものは、次のうちどれか。A～Fから1つ選べ。

ア　気にかかる大問題をかかえた状態

イ　いろいろな知識をもった状態

ウ　意識的に忘却した状態

A　アのみ　　B　イのみ　　C　ウのみ　　D　アとイ
E　アとウ　　F　イとウ

243

解答と解説

設問1 正解　C

ヒント　空欄の前後を読む

> 気にかかる大問題をかかえる人が、ときとして、とんだ失敗をやらかすのは、注意が一点に集中していて、ほかが留守になるためである。(p.242　12行目〜14行目)

▶大問題をかかえていると集中しすぎる。

> 〈　　　〉、なるべく、些細なことに関心が向けられている方が精神の自由には好都合である。(p.242　15行目〜16行目)

▶少し関心があるくらいがちょうどよい。

＝大問題があると集中しすぎる〈　　　〉少し関心があるくらいがちょうどよい

理由と結論をつなぐ**順接の接続詞**が入る。

A　かつ⇒前の文に並べて加える「並立」
B　だが⇒前の文に反対・否定する「逆接」
C　したがって⇒原因・理由と結果・結論をつなぐ「順接」
D　ところで⇒話題を変える「転換」
E　すなわち⇒前の文を言い換える「換言」

設問2 正解　B

ヒント　キーワードを見つける

ものごとに執着するのは、心の自由にとって大敵である。人間はどうしても、自分を中心にものを見、考えがちで、それが関心と呼ばれる。

04 ● 長文読解

▶「関心」について述べられているのは第2〜第4段落。第4段落の冒頭に「この関心のことを〜」とあり、「この」が指す内容が直前に入る。よって②が正解。

設問3 正解 C

ヒント 精神を自由にするような状態⇒肯定的

ア　気にかかる大問題をかかえた状態
　⇒気にかかる大問題をかかえる人が、ときとして、とんだ失敗をやらかすのは、注意が一点に集中していて、ほかが留守になるためである。(p.242　12行目〜14行目)
　＝大問題をかかえる人は失敗する⇒否定的なので✗

イ　いろいろな知識をもった状態
　⇒いろいろな知識をもっているというのは、さまざまな利害関係でがんじがらめになっていることを意味する。そういう頭脳では自由奔放なことを考えるのは困難であろう。(p.242　22行目〜25行目)
　＝知識を持ちすぎると自由奔放になれない⇒否定的なので✗

ウ　意識的に忘却した状態
　⇒自然の、あるいは意識的な、忘却が重要となる。もろもろのインタレストのきずなから解放されるのが忘却
　(p.242　26行目〜27行目)
　＝意識的な忘却は解放をもたらす(＝精神が自由になる)
　○

245

こんな問題が出る！

　写真やヴィデオのような装置が重宝なのは、したがって、必ずしも記録に信頼がおけるからではない。また、正確だからでもない。この装置が、自明と思われることをも省略しないからである。また、省略できないからである。これが、たとえば、発明された当時の写真がきわめて興味ぶかいことの理由だ。それは、撮影されたときとはまったく違った関心のもとに眺められうるのである。

　たとえば、幕末維新期の写真を見ていると、その顔も姿も現在の日本人とはおよそ違っているように思われる。①

　だが、文章は違う。森鷗外の史伝もの、たとえば『渋江抽斎』でもいい。文章を読むかぎり、一世紀余という時代をへだてながらも、そこにはまぎれもなく同じ日本人のくっきりとした顔立ちが浮かびあがってくるのである。②

　肖像画にしても文章と同じだ。画家は、物質としての顔面を描くのではない、画家のイメージ、画家の解読した人格を描くのである。むろん、写真も、撮影する角度や表情の瞬間を選ぶことはできる。そういう意味では絵に近い。〈　　　〉、物質としての顔面を変えることはできない。③

　写真の印象と文章の印象とでは、なぜこれほど違ってくるのか。④

　表情の体系も、身体所作の体系も、たいていはゆっくりと変化する。けれど、それが体系であることをやめはしないのである。布置が微妙にずれはしても、たとえば喜怒哀楽の基本的な関係は変化しない。全体の形が多少歪んでも、それはあくまでも体系の網目なのだ。文章が切りだすのは、その喜怒哀楽の基本的な関係のほうなのである。古代の喜びも哀しみも、ある意味では時を超えて、現代人の胸を打つ。⑤

　だが、写真はその関係の網目の、微妙なずれのほうを明確に捉えるのである。ずれを目に見えるものにする。目に見えるようになったずれは、強烈だ。

246

04 ● 長文読解

（『身体の零度』三浦雅士　講談社選書メチエ）

設問1　空欄〈　　〉に当てはまる接続詞を選びなさい。

A　では　　　B　要するに　　　C　それゆえ
D　だが　　　E　すると

設問2　次の文章を本文中に入れるなら、どこに入れるのが最も適切か。

　表情の体系も、身体所作の体系も、違っていたのではないかとさえ思われてくる。

A　①　　　B　②　　　C　③　　　D　④　　　E　⑤

設問3　本文で述べられている「文章」の説明に当てはまるものはどれか。A～Cから1つ選びなさい。

A　誰にでもわかることを省略しない。

B　時代が変わっても昔と同じように理解できる。

C　感覚のずれを目に見えるようにする。

設問4　文中で述べられていることと合致するものは次のうちどれか。A～Fから1つ選びなさい。

ア　写真は全てを残してしまうので、強烈なずれを感じさせる。

イ　肖像画は画家の想像の産物であり、写真も同様である。

ウ　古い文章は今読んでも感動するが、写真はそうではない。

A　アのみ　　　B　イのみ　　　C　ウのみ　　　D　アとイ
E　アとウ　　　F　イとウ

247

設問1　正 解　D

 「むろん（無論）」「確かに」は逆接の接続詞が出て来る合図

> むろん、写真も、撮影する角度や表情の瞬間を選ぶことはできる。そういう意味では絵に近い。〈　　〉

A　では⇒話題を変える「転換」
B　要するに⇒前の文を言い換える「換言」
C　それゆえ⇒原因と結果をつなぐ「順接」
D　だが⇒前の文と反対の内容を述べる「逆接」
E　すると⇒原因と結果をつなぐ「順接」

設問2　正 解　A

 「言い換え」や同じキーワードが述べられている文に注目する

> 表情の体系も、身体所作の体系も、違っていたのではないかとさえ思われてくる。

▶表情や身体について、今と違うと述べている文の近くに入る。

表情や身体が今と違うように感じられると説明しているのは本文では「写真やヴィデオ」について。よって、①に入るのが適切。

248

04 ●長文読解

設問3 正解 B

ヒント 「写真」「文章」「肖像画」に関する説明を整理
しながら読み下す

A 誰にでもわかることを省略しない。
⇒「写真」に関する説明（p.246 3行目）

B 時代が変わっても昔と同じように理解できる。
⇒「文章」に関する説明（p.246 11行目〜13行目）

C 感覚のずれを目に見えるようにする。
⇒「写真」に関する説明（p.246 28行目〜30行目）

設問4 正解 A

ヒント 各選択肢について、「本文に書かれているか」
チェックする

ア 写真は 全てを残してしまい、 強烈なずれを感じさせ
（p.246 3行目）　　　　　　（p.246 29行目〜30行目）
る。

イ 肖像画は 画家の想像の産物であり、 写真も 同様であ
（p.246 15行目）　　　　　　　　（p.246 17行目〜18行目）
る。

ウ 古い文章は 今読んでも感動するが、 写真は 感動を与
（p.246 26行目〜27行目）　　　　　　本文中に記述なし
えない。

249

05 文の並べ替え

こんな問題が出る！

次の文を読んで、問いに答えなさい。

ア さらに、公民館の運営委員を買って出た中学生もいる。
イ 子どもに使いやすいように館内の利用者登録の方法を変えるのが狙いだ。
ウ 子どもの悩みや胸のうちを聞く民間電話「チャイルドライン」が各地に広がるなか、電話の受け手に名乗りをあげた中学生がいる。
エ このような活動を間近にみている人は「近頃の子は……」と一括りにはしない。
オ 子ども同士のほうが気楽に話せるはずという。

ア〜オを意味が通るように並び替えた場合、オの後にくるのはどれか。

○ A ア
○ B イ
○ C ウ
○ D エ
○ E オが最後の文

05 ● 文の並べ替え

各文の特徴を見極める

ポイント ❶ 接続詞や指示語に注目する

ポイント ❷ 文の内容をみて、つながりを考える

 解答と解説

正解 A

ア さらに、公民館の運営委員を買って出た中学生もいる。
  ▶添加の接続詞「さらに」があるので、前に別の「中学生」の話題がある。

イ 子どもに使いやすいように 館内 の利用者登録の…
  ▶「館内」＝「公民館」の言い換えなので、**ア→イ**と続く。

ウ 子どもの悩みや胸のうちを聞く民間電話「チャイルドライン」が各地に広がるなか、電話の受け手に名乗りをあげた中学生がいる。
  ▶話題提起をしているので、**ウ**は先頭にくる。

エ このような活動 を間近にみている人は…
  ▶「このような活動」＝「中学生の活動」を指す。

オ 子ども同士のほうが気楽に 話せる はずという。
  ▶「話せる」＝「電話」にまつわる話題のうしろにくるので、**ウ→オ**と続く。

エの「活動の内容」に当てはまるのが**ウ、ア**
ウ→オ→ア→イ→エとなり、オの後にくるのはア。

練習問題

1

次の文を読んで、問いに答えなさい。

ア このような報告がなされるなか、広く地球温暖化問題が考えられるようになってきました。

イ さらに、最近50年間の傾向は、ほぼ2倍の速さで平均気温が上昇しています。

ウ 100年間で地球の平均気温は約1℃上昇したとされています。

エ 地球温暖化に関する科学的な知見を集約している報告書によると、地球の平均気温が上がり、大気中の二酸化炭素濃度は、産業革命前の約1.5倍になっています。

オ しかし、それが私たちの生活にどのような支障を及ぼすのかといった情報については、まだ充分に知られていません。

ア～オを意味が通るように並び替えた場合、アの後にくるのはどれか。

○ A アが最後の文
○ B イ
○ C ウ
○ D エ
○ E オ

05 ● 文の並べ替え

解答と解説

1 正解 **E**

ア このような報告 がなされるなか…
▶報告された情報が**ア**の前にくる。

イ さらに、最近 50 年間の傾向は、ほぼ 2 倍の速さで 平均気温 が上昇しています。
▶添加の接続詞「さらに」があるので、平均気温の上昇についての説明が**イ**の前にくる。

ウ 100 年間で地球の 平均気温 は約 1℃上昇したとされています。
▶平均気温の上昇に関する説明なので、**ウ→イ**と続く。

エ 地球温暖化に関する科学的な知見を集約している報告書によると、…
▶話題提起をしているので、**エ**が先頭にくる。

オ しかし、 それ が私たちの生活にどのような支障を及ぼすのかといった情報については、まだ充分に知られていません。
▶逆説の接続詞「しかし」があるので、広く知られている それ に関する説明が**オ**の前にくる。

アの「報告された内容」に当てはまるのが**エ、ウ、イ**
エ→ウ→イ→ア→オとなり、アの後にくるのは**オ**。

253

練 習 問 題

2

次の文を読んで、
問いに答えなさい。

ア こうしてジンクスができる。

イ ものを書くには書き方のスタイルができていないといけない。

ウ たまたまうまくいった場合があると、同じことを次の機会にもやってみる。

エ そこでまた、たまたまうまくいくと、それ以外では成功しないような気がしてくる。

オ 一回一回新しい書き方をしていては調子が定まらない。

（『知的創造のヒント』
外山滋比古／ちくま学芸文庫）

ア〜オを意味が通るように並び替えた場合、ウの後にくるのはどれか。

○ **A** ア
○ **B** イ
○ **C** ウが最後の文
○ **D** エ
○ **E** オ

05 ●文の並べ替え

解答と解説

2 **正解** D

ア こうして ジンクスができる。

　▶「ジンクス」のできる過程が前にくる。

イ　ものを書くには書き方のスタイルができていないといけない。

　▶話題提起をしているので、**イ**は先頭にくる。

ウ たまたまうまくいった 場合があると、同じことを次の機会にもやってみる。

エ　そこで また 、 たまたまうまくいくと 、それ以外では成功しないような気がしてくる。

　▶添加の「また」があるので、同じ「たまたまうまくいった」ときについて述べている**ウ**が前にくる。

オ　一回一回新しい 書き方 をしていては調子が定まらない。

　▶「書き方」について述べているものが前にくるので、**イ**→**オ**と続く。

イ→**オ**→**ウ**→**エ**→**ア**となりウの後にくるのは**エ**。

テストセンター

255

著者

尾藤健 びとう けん

大手資格スクール公務員講座数的処理講師。千葉商科大学非常勤講師。
資格スクールをはじめ、大学、専門学校でSPI対策と公務員試験の数的処
理を担当。毎年1000人以上の学生を指導し、最新出題傾向の分析とその
対策・指導方法の研究にいそしんでいる。効率的な解法をわかりやすく伝
える講義に定評がある。著書に『文系学生のためのSPI3完全攻略問題集』
（高橋書店）がある。

イッキに内定！
SPIスピード解法［一問一答］

著　者　尾藤　健
発行者　高橋秀雄
発行所　**株式会社 高橋書店**
　　　　〒170-6014
　　　　東京都豊島区東池袋3-1-1 サンシャイン60 14階
　　　　電話　03-5957-7103

©BITO Ken　Printed in Japan

定価はカバーに表示してあります。
本書および本書の付属物の内容を許可なく転載することを禁じます。また、本書および付属
物の無断複写（コピー、スキャン、デジタル化等）、複製物の譲渡および配信は著作権法上で
の例外を除き禁止されています。

本書の内容についてのご質問は「書名、質問事項（ページ、内容）、お客様のご
連絡先」を明記のうえ、郵送、FAX、ホームページお問い合わせフォームから
小社へお送りください。
回答にはお時間をいただく場合がございます。また、電話によるお問い合わせ、
本書の内容を超えたご質問にはお答えできませんので、ご了承ください。
本書に関する正誤等の情報は、小社ホームページもご参照ください。

【内容についての問い合わせ先】
　書　面　〒170-6014　東京都豊島区東池袋3-1-1
　　　　　　　　　　　　サンシャイン60 14階　高橋書店編集部
　FAX　03-5957-7079
　メール　小社ホームページお問い合わせフォームから
　　　　　（https://www.takahashishoten.co.jp/）

【不良品についての問い合わせ先】
　ページの順序間違い・抜けなど物理的欠陥がございましたら、電話
　03-5957-7076へお問い合わせください。ただし、古書店等で購入・入手
　された商品の交換には一切応じられません。